'Powerfrau', 'Quotenfrau', 'Ausnahmefrau' ...?

Die Darstellung von Politikerinnen in der deutschen Tagespresse

von

Petra Pfannes

Tectum Verlag
Marburg 2004

Pfannes, Petra:
'Powerfrau', 'Quotenfrau', 'Ausnahmefrau' ...?.
Die Darstellung von Politikerinnen in der deutschen Tagespresse.
/ von Petra Pfannes
- Marburg : Tectum Verlag, 2004
ISBN 978-3-8288-8649-0

Tectum Verlag
Marburg 2004

Inhaltsverzeichnis

1

1. Einleitung

„Frauen '98. Noch nie schafften so viele Frauen den Sprung an die Spitze" so titelte die Zeitung *Die Welt* am 31. Dezember 1998, also drei Monate nach der Bundestagswahl. Die Tatsache, daß mehr Frauen als jemals zuvor in der bundesrepublikanischen Geschichte am Kabinettstisch Platz nehmen durften, wurde darin als „Durchbruch" bezeichnet. „Qualifizierte Frauen setzen sich auch ohne Quote durch, wie Herta Däubler-Gmelin,(...), Andrea Fischer und viele andere Politikerinnen den staunenden Männern beweisen" (Schmiese, 1998, S. 6) stand hier zu lesen.

Bei aller Begeisterung sprach der Autor jedoch auch die Tatsache an, daß die neuen Bundesministerinnen im Kabinett, bis auf die Justizministerin, klassische Frauenressorts besetzen. Die Spitzenpositionen wie der Posten des Bundeskanzlers oder seines Stellvertreters waren und sind heute, kurz vor der nächsten Bundestagswahl, nach wie vor in Männerhand. Auch sparte der Autor – ein Mann – in seinem Artikel nicht mit Kritik an allen Frauen, die ihre Chancen verpaßt hätten, die Politik entscheidend zu beeinflussen. Er warf diesen Politikerinnen einen Mangel an Selbstkritik vor, indem sie ihr persönliches Versagen hinter der Ausrede versteckten, männliche Seilschaften hätten ihnen den Weg zur Spitze unmöglich gemacht.

Die Politik ist, wie auch der Journalismus in vielen Bereichen, nach wie vor männlich dominiert, wenn auch immer mehr Frauen in Spitzenpositionen vordringen. Die überwiegende Mehrheit der in der Politikberichterstattung arbeitenden Journalisten sind Männer. Daraus entsteht ein interessantes Spannungsfeld. Wie schreibt die Presse über Frauen, die in einen klassischen Männerbereich eingedrungen sind? Gibt es Unterschiede in der Darstellung zwischen Politikerinnen und Politikern?

Dieses Problem soll mit Hilfe einer Inhaltsanalyse untersucht werden. Die Medien, deren Inhalt Gegenstand der Untersuchung ist, sind die auflagenstärksten überregionalen deutschen Tageszeitungen. Die *Süddeutsche Zeitung* (*SZ*), die *Frankfurter Allgemeine Zeitung* (*FAZ*) und *Die Welt*. Die Frauen, auf deren Darstellung sich die vorliegende Arbeit richtet, sind Bundesministerinnen der 14. Wahlperiode, die seit 1998 an der Regierung beteiligt sind und von denen in dem eben zitierten Artikel die Rede war. Da man jedoch hierfür einen Vergleichsmaßstab benötigt, wird die Darstellung der Bundesministerinnen im Vergleich zu ihren männlichen Ministerkollegen erfolgen.

Untersuchungen über das Frauenbild im Fernsehen und in Frauenzeitschriften gibt es zwar, aber die Darstellung von Politikerinnen in der deutschen Tagespresse wurde bisher lediglich am Rande von breiter angelegten Studien zum Frauenbild behandelt (Schmerl, 1985; Huhnke, 1996). Dabei ist die Frage nach der Darstellung von Frauen, die in einen klassischen Männerbereich eingebrochen sind, in der Tagespresse vor diesem Hintergrund so aktuell wie nie zuvor.

Warum eine Inhaltsanalyse zur Tagespresse? Die Medien, und gerade die Tagespresse, haben eine Orientierungs- und Informationsfunktion und sind durch ihre Hintergrundberichte ein unverzichtbarer Faktor der politischen Meinungsbildung (Pürer & Raabe, 1996, S. 311). Man vertraut darauf, daß das, was hier abgedruckt wird, der Wahrheit entspricht. Gerade im Hinblick auf Presseerzeugnisse mit Leitfunktion für andere Medien wie der überregionalen Qualitätspresse, die noch dazu in großem Umfang Politikvermittlung betreiben (Wilke, 1998, S. 154), ist es wichtig zu wissen, welches Frauenbild im Vergleich zum jeweiligen Männerbild verbreitet wird.

Die Geschlechterforschung geht heute davon aus, daß Geschlecht nicht nur eine biologische, sondern eine soziale und kulturelle Größe ist, die in täglichen Interaktionen neu hergestellt wird. Die in den Geschlechterrollen steckenden Vorstellungen von ‚korrekter', also gesellschaftlich akzeptabler, Männlichkeit und Weiblichkeit werden im Prozeß der Sozialisation vermittelt und beeinflussen das Verhalten der Menschen. Auch Journalisten sind täglich daran beteiligt, Vorstellungen von Geschlecht und Geschlechterrollen zu vermitteln. Indem sie Frauen mit der klassischen Mutterrolle in Verbindung bringen oder Äußerlichkeiten besonders hervorheben, können sie dazu beitragen, die Vorstellungen ihrer Leser zu formen und eine gesellschaftliche Akzeptanz dafür schaffen.

Die vorliegende Arbeit beschäftigt sich mit der Frage, ob die Geschlechterdifferenz im Bild von Politikerinnen verarbeitet wird und welche Geschlechterrollen vermittelt werden. Gibt es noch traditionelle Weiblichkeitsvorstellungen im Bild von Frauen, die politische Macht ausüben? Wie im Verlauf der vorliegenden Arbeit noch zu sehen sein wird, zeigen verschiedene Studien, daß längst überholt geglaubte Geschlechterrollenklischees immer noch in der Medienberichterstattung vorhanden sind (Prenner, 1995; Sterr, 1997; Weiderer, 1993). Die Frage ist, ob dies auch für die Berichterstattung der überregionalen deutschen Tagespresse gilt.

Im ersten Teil der Arbeit erfolgt die theoretische Grundlegung. Es werden verschiedene Untersuchungen vorgestellt, die sich mit dem allgemeinen Frauenbild auseinandersetzen sowie mit dem Bild von Politikerinnen, auch wenn es nur wenige Untersuchungen dazu gibt[1]. Es wird außerdem von Geschlecht als sozialer Größe und Geschlechterrollen die Rede sein. Im Anschluß daran wird anhand aktueller Zahlen das Geschlechterverhältnis in der Politik verdeutlicht. Schließlich soll auch noch beleuchtet werden, wie das Geschlechterverhältnis im Journalismus ist. Die theoretischen Ausführungen münden in verschiedene Forschungsfragen, anhand derer die Inhaltsanalyse durchgeführt wurde.

Auf die theoretische Grundlegung folgt die Beschreibung der empirischen Untersuchung. Zunächst wird das methodische Vorgehen dargelegt. Dabei werden der Untersuchungsgegenstand, die Stichprobe und das Kategoriensystem beschrieben. Im letzten Abschnitt der Arbeit werden dann entlang der Forschungsfragen die Ergebnisse der Inhaltsanalyse vorgestellt. Die Arbeit schließt mit einer Zusammenfassung und einem Ausblick auf mögliche künftige Fragestellungen und Vorgehensweisen in Zusammenhang mit der Darstellung von Frauen in den Medien.

---

[1]   Auch in der Politikwissenschaft wurde lange Zeit das Thema Frauen in der Politik und die Frage nach dem Einfluß von Geschlecht vernachlässigt (Kreisky & Sauer, 1995, S. 9-10).

2. Relevanz des Themas

Bei der Frage nach der Relevanz der Themenstellung tauchen verschiedene Aspekte auf, die hier kurz beleuchtet werden sollen. Dies sind zum einen die Frage nach der Theorie und Forschung über Geschlecht, zum anderen die Sozialisation durch Massenmedien.

Die Frage nach Geschlecht und seinem Einfluß auf die Medienberichterstattung ist so aktuell wie nie, wurde jedoch in der kommunikationswissenschaftlichen Forschung bisher nicht eingehend behandelt. In Deutschland etablierte sich die Geschlechterforschung in der Kommunikationswissenschaft und Publizistikwissenschaft erst in den neunziger Jahren als eigener Forschungszweig. Davor wurde der Frage nach der Darstellung von Männern und Frauen in den Medien kaum Beachtung geschenkt. Anders als in den USA entwickelte sich hierzulande erst relativ spät ein eigenständiger Forschungsbereich[2]. Mitte der achtziger Jahre gab es in Deutschland sogar nur eine einzige unveröffentlichte Studie zur Frauenberichterstattung, wie Schmerl (1985) in ihrer Untersuchung zum Frauenbild in deutschen Printmedien feststellte (S. 9). Betrachtet man Bibliographien der geschlechtsspezifischen Medienforschung und Kommunikatorforschung, so fällt jedoch auf, daß im letzten Jahrzehnt die Zahl der Untersuchungen deutlich gestiegen ist (Klaus & Saure, 2001). Besonders gut verlief die Entwicklung im Bereich der Magister- und Diplomarbeiten (Klaus, 2001, S. 22).

Nach Wissen der Verfasserin und nach ausgiebigen Recherchen in Deutschland gab es bisher noch keine quantitative Medieninhaltsanalyse über die Darstellung von Politikerinnen als (Ausnahme-)Frauen in einer Männerdomäne. Es gab zwar schon Untersuchungen, die die Darstellung von Politikerinnen in Printmedien unter qualitativen Gesichtspunkten (Sterr, 1997) oder als kleinen Teil einer breit angelegten Untersuchung zum allgemeinen Frauenbild behandelten (Schmerl, 1985), aber noch keine umfassende quantitative Untersuchung zur überregionalen deutschen Tagespresse (*SZ, FAZ, Die Welt*). Dabei ist es gerade im Hinblick auf die steigende Zahl von Frauen in der Politik interessant, wie die Massenmedien diese darstellen.

---

[2] Siehe dazu auch die Bibliographie von Fröhlich und Holtz-Bacha (1993), die einen wesentlich höheren Anteil von englischsprachigen Veröffentlichungen enthält, als deutschsprachige.

Die Frage nach Inhalten von Massenmedien ist deshalb wichtig, weil diesen ein sozialisatorischer Einfluß zugeschrieben wird. Die Sozialisation ist ein Prozess, der keineswegs mit dem Erreichen des Erwachsenenalters endet, sondern ein Leben lang andauert (Bonfadelli, 1981, S. 43). Ein besonderer Einfluß wird dem Fernsehen zugeschrieben, mit dem Kinder bereits früh und häufig in Kontakt treten und das auch für Jugendliche wie Erwachsene nach dem Radio das wichtigste und am häufigsten gebrauchte Medium ist (Ridder & Engel, 2001, S. 105). Man kann jedoch annehmen, daß dies auch für die Tageszeitung zutrifft.

Die durchschnittliche Tagesreichweite der Tageszeitung liegt mit 54 Prozent im mittleren Bereich. Allerdings zeigen Leserumfragen, daß bei den Nutzungsmotiven die der Information sowie die Orientierungsfunktion im Alltag überwiegen (Ridder & Engel, 2001, S. 109-110). Besonders politisch interessierte Menschen nutzen die Tageszeitung sehr häufig und schätzen ihre Sachlichkeit, Kompetenz und Glaubwürdigkeit (Ridder & Engel, 2001, S. 120). Daher ist es wichtig zu wissen, wie die überregionale deutsche Tagespresse mit ihrer hohen Reichweite und Glaubwürdigkeit Frauen und Männer darstellt.

In der Gender-Forschung gilt Geschlecht heute als sozial geschaffen, wobei Menschen im Alltag an dieser Konstruktion mitwirken, sei es durch ihr Verhalten oder auch durch ihre Einflußnahme auf andere. Auch Journalisten unterliegen einerseits selbst der geschlechtsspezifischen Sozialisation, und beeinflussen andererseits durch ihre Arbeit die Ansichten ihrer Leser. Auch sie wirken also mit den Vorstellungen von Männlichkeit und Weiblichkeit, die sie in ihren Artikeln vermitteln, an der Konstruktion von Geschlecht mit. Es stellt sich die Frage, welche Vorstellungen sie von Geschlechterrollen herstellen und vermitteln.

3. Theoretische Grundlegung

Die folgenden Kapitel dienen der Darlegung des theoretische Hintergrundes. Es werden zunächst Erkenntnisse der Geschlechterforschung präsentiert. Daran schließt sich ein Überblick über wichtige Studien zum Frauenbild in den Medien an. Schließlich werden aktuelle Zahlen vorgestellt, die das Geschlechterverhältnis in der Politik und im Journalismus verdeutlichen sollen. Aus diesen theoretischen Grundlagen werden dann die Forschungsfragen abgeleitet, anhand derer die Inhaltsanalyse durchgeführt wird.

3.1. Geschlecht und Geschlechterrollen in den Medien

Die Kategorie Geschlecht wurde in den Sozialwissenschaften lange Zeit lediglich am Rande untersucht, da sie nicht als eine grundlegende soziale Kategorie verstanden wurde. Erst durch den veränderten Blickwinkel, mit dem die Frauenbewegung in den siebziger Jahren gesellschaftliche Zusammenhänge sah, avancierte sie wie die Schicht- oder die Klassenzugehörigkeit zu einer grundlegenden Dimension sozialer Organisation. (Dietzen, 1993, S. 11)

Damit ging auch eine intensive theoretische Diskussion über den Charakter der Geschlechtszugehörigkeit einher. Die vorherrschende Meinung, die Geschlechterdifferenz sowie die Geschlechterrollen seien primär biologisch begründet und damit unabänderlich, wurde zunehmend in Frage gestellt. Um auch kulturelle und soziale Faktoren mit in die Analyse einbeziehen zu können, wurde die Betrachtungsweise auf das Geschlecht als soziale Kategorie ausgedehnt.

Auch in der kommunikationswissenschaftlichen Forschung hat die Kategorie Geschlecht einen enormen Bedeutungszuwachs erfahren, wie die stetig steigende Anzahl von Studien zu dem Thema zeigt. Auf einige dieser Untersuchungen wird in einem späteren Kapitel näher eingegangen. Zunächst jedoch sollen die für die vorliegende Arbeit wichtigen theoretischen Grundlagen erklärt werden, die hauptsächlich aus der Soziologie und der Psychologie stammen.

3.1.1. Biologisches und soziales Geschlecht

Über Jahrhunderte hinweg galt das Geschlecht eines Menschen als sein biologisches Geschlecht, das bei der Geburt festgestellt wurde und später das gesamte Verhalten beeinflußte. Aus den biologischen Unterschieden zwischen Mann und Frau ergaben sich Verhaltensregeln sowie die symbolische Ordnung der Geschlechter. Frauen galten als das biologisch und physisch ‚schwächere‘, Männer als das ‚stärkere‘ Geschlecht. Aus dieser rigiden und praktisch unabänderlichen, weil biologisch begründeten, Denktradition ergaben sich für Frauen viele Benachteiligungen. So waren ihnen beispielsweise höhere Bildungswege sowie die meisten Berufe und Ämter verschlossen.

Die in unserem Kulturkreis vorherrschende dichotome Unterscheidung in zwei gegensätzliche Geschlechter wurde historisch gesehen im 18. Jahrhundert mit dem ‚Zwei-Geschlechter/Zwei-Leiber-Modell‘ begründet, das das überholt geglaubte Ein-Geschlechter-Modell aus der Antike ablöste (Laqueur, 1996). Man unterschied die beiden Geschlechter rigoros voneinander, sie hatten nichts mehr miteinander gemeinsam. Die im selben Jahrhundert einsetzende Industrialisierung und die damit einhergehende Trennung von Haus und Arbeitsplatz trugen ebenfalls zu einer Trennung der Geschlechter bei (Nicholson, 1994, S. 197). Zu dieser Zeit entstand nämlich die Aufspaltung der Wirkungsbereiche der Geschlechter, wobei den Frauen der private, also der häusliche Aufgabenbereich, und den Männern der öffentliche Bereich zugeteilt wurde.

Diese Sichtweise erfuhr jedoch im Laufe des zwanzigsten Jahrhunderts immer lautere Kritik, insbesondere von Seiten der anglo-amerikanischen Feministinnen. Der physiologische Unterschied zwischen den Geschlechtern erschien als nicht bedeutend genug, um die daraus für Frauen resultierende nachteilige soziale Stellung zu rechtfertigen. (Dietzen, 1993, S. 21) Die anglo-amerikanische Frauenforschung hat in den siebziger Jahren die Betrachtungsweise von einem biologischen (‚sex‘) und einem davon trennbaren sozialen Geschlecht (‚gender‘) aufgegriffen. Der Begriff ‚gender‘ meint hier die „…‘kulturelle Interpretation und Entwicklung des physiologischen Geschlechtsunterschieds‘. ‚Gender‘ benennt hier in der Regel Persönlichkeit und Verhalten, im Unterschied zum Körper.“ (Nicholson, 1994, S. 188) ‚Gender‘ wird auch als „kulturelles Regelsystem für Prozesse, in denen die Individuen die mit Geschlechtlichkeit verquickten gesellschaftlichen Strukturen alltäglich mitherstellen“ (Hagemann-White, 1988, S. 227) beschrieben.

Das Problem bei dieser Unterscheidung ist, daß es offenbar keine wirklich klare Trennmöglichkeit zwischen ‚sex' und ‚gender' gibt. Seit Judith Butler (1991) hat es eine Diskussion darum gegeben, ob die physiologische Geschlechtsbestimmung nicht auch nur innerhalb kultureller Deutungskontexte erfolgt. Diese Diskussion mündete in dem Vorschlag, das biologische Geschlecht und das soziale Geschlecht in einem rein kulturell determinierten Geschlecht (‚gender') aufzulösen (Becker-Schmidt & Axeli-Knapp, 1995, S. 16).

Durch die Einführung einer Kategorie ‚Soziales Geschlecht' sind gesellschaftliche Ungleichheiten und die Ungleichbehandlung von Frauen nun nicht mehr natürlich und somit unveränderbar. Auch die Geschlechterrollen und die darin enthaltenen Vorstellungen von Männlichkeit und Weiblichkeit können zum Teil als sozial und kulturell zugeschrieben, anstatt als ausschließlich biologisch determiniert gelten und verändern sich somit auch, wenn ein gesellschaftlicher und kultureller Wandel eintritt (Dietzen, 1993, S. 12; Mühlen Achs, 1995, S. 21). Auch wenn nach wie vor die in unserer Kultur herrschende heterosexuelle Geschlechterordnung damit nicht aufgehoben ist, so können doch die Geschlechterrollen und -identitäten nun nicht mehr durch biologische Gründe legitimiert werden (Maihofer, 1994, S. 173).

Geschlecht hat in diesem Zusammenhang auch einen interaktiven Charakter. Die Gender-Forscherin Lana Rakow (1986) stellte fest, daß das Geschlecht nicht etwas statisches ist, sondern von Individuen immer aufs neue ausgehandelt wird. Gender ist für sie „(...) both something we do and something we think with, both a set of social practices and a system of cultural meanings." (S. 21) Damit beleuchtete sie die subjektive Seite von ‚gender'. Judith Lorber (1999) schreibt dazu: „Daß *gender* ständig in der menschlichen Interaktion, aus dem sozialen Leben heraus geschaffen und wiedergeschaffen wird und der Stoff und die Orientierung dieses sozialen Lebens ist, erscheint den meisten Menschen kaum glaublich. Und doch ist *gender* genauso etwas vom Menschen produziertes wie die Kultur und genau wie diese darauf angewiesen, daß jede und jeder ständig ‚gender' macht'(...)" (S. 55)

3.1.2. Geschlechterrollen: Konzepte von ‚Männlichkeit‘ und ‚Weiblichkeit‘

In unserer westlichen bzw. abendländischen Kultur herrscht ein rigides System der Zweigeschlechtlichkeit, das mit seiner Annahme zweier biologisch vorhandener Geschlechter auch immer wieder auf Kritik stieß (Hagemann-White, 1988). Die Geschlechterrollen sind dabei Ausdruck dieses Systems. Geschlechterrollen sind „(...) gesellschaftliche Regeln für angemessene Erscheinung, für Interessen, Fertigkeiten, Verhaltensweisen und Selbstwahrnehmungen des jeweiligen Geschlechts." (Tuchman, 1980, S. 10) In dieser Definition wird klar, daß diese Handlungsanweisungen sozial und kulturell konstruiert sind und am biologischen Geschlecht festgemacht werden. (Dietzen, 1993, S.12). Den beiden Geschlechtern werden bestimmte Eigenschaften zugeordnet, die sich entsprechend der binären Unterscheidung in ‚Mann‘ und ‚Frau‘ komplementär zueinander verhalten und miteinander nicht vereinbar scheinen. Diese „kulturell angemessenen Formen von Männlichkeit und Weiblichkeit" (Dietzen, 1993, S. 8) sind eine zentrale Form von sozialer Autorität, die in der Sozialisation vermittelt und erlernt werden.

Die Geschlechterrollen entstanden mit der Industrialisierung und der damit einhergehenden Trennung von privater, häuslicher und öffentlicher, beruflicher Sphäre. Die Mehrheit der Frauen verrichtete häusliche Tätigkeiten und erzog die Kinder, während die Männer in Fabriken oder anderen Produktionsstätten arbeiteten (Zahlmann-Willenbacher, 1979, S. 70). Um diese Trennung von scheinbar inkompatiblen Bereichen gleichsam zu legitimieren, wurden Männern und Frauen gegensätzliche Eigenschaften für ihren Charakter und ihr Verhalten und ihre Fähigkeiten zugeschrieben. So wurden den Männern instrumental-strategische Eigenschaften zugesprochen, die sie besser für die öffentliche Sphäre und den Broterwerb qualifizieren sollten. Den Frauen dagegen wurden nach dieser Sichtweise eher expressiv-emotionale Eigenschaften zugeordnet, die sie dazu befähigten, sich als Mütter um Kinder und Haushalt zu kümmern. (Dietzen, 1993, S. 45, 47; Hagemann-White, 1975, S. 207)

Das Konzept der ‚Männlichkeit‘ umfasst in der westlichen Kultur traditionell Dominanz, Stärke, Härte, Aggressivität, Gewaltbereitschaft, Unabhängigkeit, Leistungsfähigkeit, sowie Sachlichkeit und Aktivität (Mühlen Achs, 1993, S. 112, 31; Simmel, 1983, 1986, S. 222, 224). Es wird auch mit körperlicher Kraft und Selbstbewußtsein assoziiert (Mühlen Achs, 1993, S. 14) sowie mit Emotionslosigkeit und Rationalität (Mühlen Achs, 1995, S. 20; Neuendorff-Bub, 1979, S. 82-83). Das traditionelle Konzept der ‚Weiblichkeit' umfaßt dagegen die entgegengesetzten Merkmale Schwäche, Abhängigkeit, Emotionalität, Schamhaftigkeit, Unselbständigkeit und Anpassungsfähigkeit (Mühlen Achs, 1995, S. 20). Es ist außerdem mit körperlicher Schwäche, einem Attraktivitätsdruck (Mühlen Achs, 1993, S. 14; Neuendorff-Bub, 1979, S. 82) sowie mit einem Mangel an Objektivität verbunden. (Simmel, 1983,1986, S. 223) Insgesamt kann man erkennen, daß Frauen weniger positiv bewertete Merkmale zugeschrieben werden, als Männern.

Gerade im Hinblick auf die körperliche Attraktivität unterscheiden sich die Vorstellungen von den Geschlechtern. So unterliegen Frauen in einem viel stärkeren Maß als Männer einem Attraktivitätsdruck. Entsprechen sie diesem Ideal nicht, wirkt sich die negative Einschätzung ihres Äußeren auch schlecht auf die Bewertung ihrer Leistungen und ihres Charakters aus. Dies gilt ganz besonders für Frauen, die sich der männlichen Hierarchie widersetzen, indem sie beispielsweise in männerdominierten Berufen arbeiten. (Mühlen Achs, 1993, S. 27) Die Vorstellung von körperlicher Attraktivität wird von den Massenmedien unterstützt und gefördert. Besonders vom Fernsehen und von der Werbung wird ein großer Druck auf Frauen ausgeübt, sich den gängigen Schönheitsvorstellungen anzupassen (Mühlen Achs, 1993, S. 35). Die Vorstellung, daß Frauen attraktiv sein sollen, ist jedoch keineswegs erst im Medienzeitalter entstanden. Schon zu Beginn des zwanzigsten Jahrhunderts beschäftigte sich der Soziologe Georg Simmel (1983, 1986) mit den Eigenschaften, die Frauen idealerweise haben sollten und dem Problem der männlich geprägten Kultur. Er schrieb damals, Frauen sollten in einem weiter und abstrakter gefaßten Sinn ‚schön' sein, Männer dagegen ‚bedeutend' (Simmel, 1983, 1984, S. 241).

Wenn Menschen sich nicht an die in den Geschlechterrollen vorgegebenen Regeln halten, gelten sie als unzulängliche Männer oder Frauen: „Ein Junge, der weint, ist nicht männlich, eine junge Frau, die Schminke ablehnt ist nicht weiblich." (Tuchman, 1980, S. 11) Die Möglichkeiten zur freien Entfaltung der Individuen sind also dadurch eingeschränkt. Der Grund für die Übernahme und Anpassung an die in den Geschlechterrollen niedergelegten Erwartungen der Gesellschaft ist der Wunsch, ein möglichst homogenes und hoch bewertetes Bild von sich aufzubauen, um eben nicht als unzulänglicher Vertreter des eigenen Geschlechts eingestuft zu werden (Hagemann-White, 1975, S. 203), und damit jegliche Anziehungskraft auf das andere Geschlecht zu verlieren (Mühlen Achs, 1995, S. 20-21). Menschen werden zwar nach ihrer Geburt sofort anhand der sichtbaren körperlichen Merkmale ihrem jeweiligen biologischen Geschlecht zugeordnet, sie müssen dennoch erst lernen, Frauen und Männer – im Sinne von gender – zu sein (Lorber, 1999, S. 61). Dieser Lernprozeß erfolgt in der Sozialisation, von der im folgenden Kapitel die Rede ist.

3.1.3. Geschlechtsspezifische Sozialisation

Jedes Individuum ist von Geburt an einem Prozeß unterworfen, „...in dem eine gesellschaftlich-produzierte Umwelt die Individuen sowohl formt als auch von ihnen geformt wird." (Schorb, Mohn & Theunert, 1980, S. 603) Menschen werden zu vollwertigen und sozial handlungsfähigen Mitgliedern einer Gemeinschaft, indem man ihnen die Normen und Werte vermittelt, die sie brauchen, um dort leben zu können. Dabei wird jedoch auch die aktive Teilnahme des Individuums an diesem Prozeß betont: „Sozialisation erscheint so einerseits als das strukturelle Gesamt der Verhaltensweisen z.B. der Eltern und im weiten Sinn als alle Faktoren der soziokulturellen Umwelt überhaupt, die sozialisierend auf den Heranwachsenden einwirken im Sinne der Sozialmachung, andererseits als Teilprozeß des Werdens der Persönlichkeit ... und als aktive Auseinandersetzung mit Verhaltenweisen, Normen und Werten, also als Ausdifferenzierung einer sozial-kommunikativen Kompetenz (...)". (Hervorhebungen im Original) (Bonfadelli, 1981, S. 42-43). Der Sozialisationsprozeß ist dabei keineswegs mit dem Erreichen des Erwachsenenalters abgeschlossen, sondern er dauert ein Leben lang (Bilden, 1980, S. 802; Bonfadelli, 1981, S. 43).

Auch die Geschlechterrollen und -identitäten werden in diesem Prozeß vermittelt und erlernt, genauer gesagt in der geschlechtsspezifischen Sozialisation. Hier steht die Frage nach den sozialen Bestimmungsmomenten des Aufwachsens als und zur Frau (Bilden, 1980, S. 778), beziehungsweise zum Mann, im Vordergrund. Dabei wird das Geschlecht nicht primär als biologische Größe, sondern als soziale und kulturelle Einheit verstanden, die erlernbar ist. Die geschlechtsspezifische Sozialisation beginnt bei der Geburt eines Kindes mit der Feststellung seines biologischen Geschlechts. Das soziale Geschlecht ist verankert im biologischen Geschlecht, da sich aus dem biologischen Geschlecht die Verhaltenserwartungen ergeben, denen man sich später unterordnen muß, um von der Gesellschaft akzeptiert zu werden. (Bilden, 1980, S. 777) Geschlecht ist ein „fundamentales beziehungsrelevantes Prinzip aller bisherigen Gesellschaften" (Bilden, 1980, S. 794), und somit wird die Anpassungsleistung, die Kinder erfüllen müssen, lebenswichtig, um sozial akzeptiert zu werden und ein wiederspruchsfreies Leben führen zu können (Hagemann-White, 1975, S. 203).

Wurde die Sozialisation früher lediglich als passiver Prozeß gesehen, bei dem Kinder die Eltern nachahmten und die Geschlechterrollen übernahmen, so wird heute das Gewicht auf tätiges Erlernen gesetzt. Man bezeichnet diesen Vorgang auch als Ontogenese, nämlich die „individualgeschichtliche Ausfaltung und Realisierung der biologischen Möglichkeiten zur Vergesellschaftung durch Aneignung der objektiven Strukturen einer bestimmten historisch gewordenen Gesellschaft von dem gesellschaftlichen ‚Standort' des Individuums aus" (Holzkamp, 1973, S. 53; zitiert nach Bilden, 1980, S. 785). Ein Kind lernt, zunächst unter der Anleitung seiner Eltern, im Umgang mit Dingen und Personen gesellschaftliche Anforderungen und baut so eine Persönlichkeitsstruktur auf. Durch die aufeinander folgenden Phasen von Spiel, später Lernen und schließlich Arbeit erfolgt der stufenförmige Aufbau eines gesellschaftlichen Individuums in der Sozialisation (Bilden, 1980, S. 785).

Die erste Sozialisationsinstanz sind die Eltern, bzw. die Mutter als wichtigste Bezugsperson. Bereits jetzt beginnt die Vermittlung von Geschlechterrollen durch die Art, wie Kinder behandelt werden. Forschungsergebnisse belegen, daß Mütter ihre Töchter bereits im Alter von drei Monaten anders behandeln, als Söhne. Wie die Untersuchung von Moss (1967) zeigt, geben sie den Mädchen mehr Körperkontakt, während sie bei den Jungen die Muskelaktivität anregen. Auch ist der Sozialisationsmodus von Mädchen eher passiv, der von Jungen eher aktiv (Bilden, 1980, S. 792). Das bedeutet, Jungen erhalten mehr Raum für eine Selbstsozialisation, da man annimmt, sie hätten einen stark ausgeprägten eigenen Willen, während Mädchen eher als schwach und fügsam gelten und sich daher stärker dem Willen der Erziehungsperson unterzuordnen haben. Dieses Verhalten fördert schließlich die Entwicklung des ‚typisch weiblichen' Charakterzuges der Anhänglichkeit oder Emotionalität bzw. der ‚typisch männlichen' Aktivität.

Man nimmt an, daß Kinder etwa im Alter von vier Jahren unverrückbar wissen, zu welchem Geschlecht sie gehören und daß sie auch nicht ohne weiteres zum anderen Geschlecht wechseln können (Hagemann-White, 1975, S. 203, 205). In dieser Zeit beschäftigen sich Kinder mit Rollenspielen, in denen sich die geschlechtsspezifische Arbeitsteilung widerspiegelt. So reflektiert das Spiel der Jungen Tätigkeiten in der Öffentlichkeit, während das Spiel mit Puppen und mit kindgerechten Haushaltsgeräten die Mädchen auf ein Leben im häuslichen Bereich vorbereiten soll. Zentral bei der Vermittlung ‚korrekter' männlicher und weiblicher Fähigkeiten sind einerseits die Eltern, indem sie geschlechtstypisches Verhalten ermuntern und untypisches Verhalten bestrafen, andererseits aber auch die gleichaltrigen Spielgefährten. (Bilden, 1980, S. 789-790)

In der Pubertät werden Jugendliche neben der geschlechtsspezifischen Arbeitsteilung noch mit dem Druck einer ‚Normalbiographie' konfrontiert. Darunter versteht man gesellschaftlich vororganisierte Konstellationen von Handlungsfeldern im Lebenslauf. Diese existieren als Erwartungen an einen ‚weiblichen' oder ‚männlichen' Lebenslauf in den Köpfen von Individuen und werden immer wieder reproduziert. (Bilden, 1980, S. 803; Lévy, 1977) Für Männer bedeutet dies in erster Linie ein Leben im Beruf, für Frauen die Versorgung der Familie und den Haushalt. Werden Kinder bereits früh mit den Erwartungen vertraut gemacht, die aufgrund ihres (sozialen und biologischen) Geschlechts an sie herangetragen werden, so werden Jugendliche mit dem Erreichen der Geschlechtsreife einem größeren gesellschaftlichen Druck in Richtung eines geschlechtsadäquaten Verhaltens ausgesetzt: Mädchen dürfen keine Wildfänge mehr sein, und Jungen werden dazu angehalten, sich männlich-aggressiv zu verhalten.

3.1.4. Die Vermittlung von Geschlecht in den Medien

Geht man von der oben genannten Definition des Sozialisationsprozesses als Prozeß aus, in dem eine gesellschaftliche Umwelt Individuen formt, dann spielen neben der Familie und dem sozialen Umfeld auch die Massenmedien eine Rolle bei der Vermittlung von Geschlechterrollen. Als hoch spezialisierte Systeme der Informationsaufnahme, -transformation und -verteilung bestimmen sie mit, was in unserer Gesellschaft als sozial relevante Realität zu gelten hat (Bonfadelli, 1981, S. 247). Besonders das Fernsehen mit seiner hohen Reichweite und starken Nutzung wird als Sozialisationsinstrument eingestuft, das sowohl einen großen Einfluß auf

Kinder wie auf Erwachsene hat, indem es neben Informationen Normen
und Werte vermittelt (Schorb, Mohn & Theunert, 1980, S. 609). Wenn man
das relativ hohe Zeitbudget betrachtet, das Menschen im Alltag für den
Medienkonsum und besonders für das Fernsehen aufwenden (Ridder &
Engel, 2001, S. 105), erscheint diese Vermutung nicht unbegründet.

Außerdem gilt nach den Lerntheorien, daß Heranwachsende durch Imitation und Identifikation sowie Bekräftigung und Verstärkung lernen (Bandura, Ross & Ross, 1963). Die Theorien zum Lernen am Modell wurden zwar
vor allem zur Untersuchung der Nachahmung von medialer und realer Ge-
walt und „aggressive models" (Bandura, Ross & Ross, 1963, S. 3) entwik-
kelt, es wurde jedoch versucht, daraus Rückschlüsse auf den Einfluß der
Darstellung von Geschlechterklischees zu ziehen (Schorb, Mohn & Theunert, 1980, S. 610).

Daß die Medien, insbesondere das Fernsehen, Bilder von ‚korrekter' Le-
bensweise und ‚korrekter' Weiblichkeit und Männlichkeit zeigen, ist bereits in verschiedenen Studien nachgewiesen worden (Küchenhoff, 1975;
Weiderer, 1993). Frauen kommen viel seltener vor, als Männer, und wenn
sie vorkommen, werden sie nur selten in bedeutenden Positionen gezeigt.
Ähnliche Ergebnisse zeigen sich auch in Studien zur Tagespresse (Schmerl,
1985; Sterr, 1997). Wenn Kinder und Heranwachsende also täglich mit einem verzerrten Frauenbild konfrontiert werden, so die Vermutung, dann
betrachten sie dies als gesellschaftlich akzeptiert und ahmen es möglicherweise nach. Bonfadelli (1981) stellt fest: „Medien als Instrumente der Wis-
sens- und Informationsvermittlung haben, ... einen indirekten, sozial ver-
mittelten Einfluß auf das soziale Handeln der Rezipienten." (S. 247) Betrachtet man darüber hinaus die Sozialisation als lebenslangen Prozeß (Bilden, 1980, S. 802), dann besteht dieser Einfluß auch im Erwachsenenalter,
wenn auch nicht im selben Maße, wie in der Kindheit und Jugend (Bonfadelli, 1981, S. 43). Darum ist es wichtig, Untersuchungen über medial ver-
mittelte Vorstellungen und Konzepte von Männlichkeit und Weiblichkeit
durchzuführen.

3.2. Untersuchungen zum Frauenbild in den Medien

In den Vereinigten Staaten ist in den letzten 25 Jahren eine beträchtliche
Anzahl von Untersuchungen in der Frauen- und Geschlechterforschung erschienen, die das Frauenbild aus den unterschiedlichsten Blickwinkeln und

16

mit den unterschiedlichsten theoretischen Prämissen beleuchten[3]. Die Kommunikationswissenschaft in Deutschland ist zwar noch nicht auf dem Stand der anglo-amerikanischen Forschung, es wurden jedoch in den letzten zehn Jahren wichtige Erkenntnisse zum Frauenbild in den deutschen Medien gewonnen[4].

Das folgende Kapitel soll einen kursorischen Überblick über einige als wichtig erachtete Untersuchungen zu den Medien in Deutschland geben. Dieser Überblick darf dabei nicht als vollständige Synopse verstanden werden, da dies den Rahmen der vorliegenden Arbeit sprengen würde. Es werden nur für die Entwicklung der Fragestellung relevante Studien vorgestellt. Dazu gehören Untersuchungen, die sich mit der Darstellung von Frauen in nicht-fiktionalen Sendungen in Fernsehen und Rundfunk sowie in Tageszeitungen beschäftigen. Ausgeklammert werden Untersuchungen zum Frauen- und Männerbild in der Werbung sowie in Frauenzeitschriften, die sich, anders als Tageszeitungen, meist an eine fest umrissene Zielgruppe richten. Ein umfassender Überblick hierzu findet sich bei Fröhlich und Holtz-Bacha (1993) sowie in einer aktuelleren, aber weniger umfangreichen Form bei Klaus und Saure (2001).

3.2.1. Rundfunk

Im Bereich der audiovisuellen Medien gibt es eine Reihe von Untersuchungen, die gängige Muster der Frauendarstellung nachweisen konnten. 1975 legte eine Forschungsgruppe an der Universität Münster unter Leitung von Professor Küchenhoff die erste große Studie zur Darstellung der Frau im deutschen Fernsehen vor. Festgestellt wurde eine erhebliche Unterrepräsentation von Frauen im Fernsehprogramm in allen Programmsparten und Sendungen. Besonders eklatant war diese im Bereich der Nachrichtensendungen. Hier kamen lediglich 5-7 Prozent Frauen vor. Moniert wurde außerdem, daß von der Realität der deutschen Frau im Fernsehen ein Zerrbild gezeigt wurde und traditionelle Rollenklischees zementiert wurden. So gab es zwei dominante Frauenleitbilder: einerseits das der Hausfrau und Mutter (die jedoch fast nie im Kontext der Belastung durch den Haushalt

---

[3]   Ein Überblick über verschiedene Untersuchungen findet sich bei Kitch (1997).

[4]   Aus forschungspragmatischen Gründen beschränkt sich das folgende Kapitel auf die Darstellung der wichtigsten Befunde aus dem deutschsprachigen Raum, die auch in die Erarbeitung der Forschungsfragen sowie des Codebuchs eingeflossen sind.

gezeigt wurde) und andererseits das der jungen, schönen und unabhängigen Frau – die allerdings hauptsächlich mit Bezug auf ihre Partnersuche anstatt in ihrem Beruf dargestellt wurde. Keines der beiden Leitbilder reflektierte die Lebenssituation der Mehrzahl der deutschen Frauen. (Küchenhoff, 1975, S. 244-245)

Bei der Themenzuweisung wurde die Domäne der Frauen schwerpunktmäßig in den traditionell weiblichen Kontext von Familie, Sozialberufen und Kunst gelegt. Auch bei der medieninternen Rollenverteilung zeigte sich eine deutliche Benachteiligung von Frauen. Die Moderatorinnen wurden häufig auf ihre dekorative Funktion reduziert und durften vor allem einfache Tätigkeiten, wie das Verlesen von Nachrichten verrichten, während ihre männlichen Kollegen bei komplexeren Aufgaben und ‚harten' Themenkreisen wie Politik oder Wirtschaft eingesetzt wurden. (Küchenhoff, 1975, S. 249)

Es zeigte sich auch, daß die im Fernsehen dargestellten Frauen politisch weder interessiert noch aktiv waren. Sowohl in fiktionalen als auch in nicht-fiktionalen Sendungen äußerten sich hauptsächlich Männer zu politischen Themen. Politikerinnen kamen lediglich in 3 Prozent aller Beiträge vor (Küchenhoff, 1975, S. 246-247). Der gesamte Themenbereich Politik war also 1975 noch eine Männerdomäne im deutschen Fernsehen, in der Frauen lediglich Randerscheinungen bildeten.

Weiderer (1993) untersuchte 18 Jahre später mit einer ähnlichen Fragestellung und ähnlicher Untersuchungsanlage die Fernsehberichterstattung der Fernsehsender ARD, ZDF und RTL plus im Jahr 1990 und kam zu folgendem Ergebnis: „Im Vergleich zu den Resultaten von Küchenhoff (1975) und auch zu den Ergebnissen weiterer Analysen aus dem deutschen Sprachraum und den USA, die während der letzten zwanzig Jahre durchgeführt wurden, ist lediglich in wenigen Aspekten eine Weiterentwicklung der Geschlechtsrollendarstellung feststellbar." (Weiderer, 1993, S. 324) Frauen waren also immer noch unterrepräsentiert und Frauenthemen waren kaum Gegenstand der Berichterstattung. Außerdem wurden ihnen nach wie vor traditionell weibliche Eigenschaften wie Zurückhaltung und Hilflosigkeit zugeschrieben, während Männer häufig als aktiv und aggressiv gezeigt wurden. Einzig bei der Themenzuweisung hatte sich einiges geändert, da Frauen nicht mehr auf die klassisch weiblichen Themen wie Haushalt oder Familie beschränkt wurden. Als Gründe für die mangelhafte Weiterent-

18

wicklung sah Weiderer die Dominanz von Männern innerhalb der Medien-anstalten und eine zeitliche Verzögerung im Aufgreifen realer Veränderun-gen durch die Medien, ein Befund, den auch Tuchman (1980) vor ihr schon machte. (Weiderer, 1993, S. 325; Tuchman, 1980, S. 14)

Der Wandel der Geschlechterrollen im Fernsehen war auch der Gegenstand der Untersuchung von Cornelißen und Küsters (1992), die das Frauenbild in Nachrichtensendungen untersuchten. Dabei stand die Frage nach dem Verhältnis von Frauen und Politik im Vordergrund. Sie fanden heraus, daß Frauen als Handlungsträgerinnen in den Nachrichten stark unterrepräsen-tiert waren (Cornelißen & Küsters, 1992, S. 132). Außerdem herrschte im-mer noch eine Tendenz zur Festschreibung traditioneller Geschlechterbil-der, da die Frauen vornehmlich in Verbindung mit ihrer privaten Rolle ge-zeigt wurden, während Männer häufiger in ihrer beruflichen Rolle themati-siert wurden (Cornelißen & Küsters, 1992, S. 133, 136). Allerdings erhiel-ten Frauen häufiger als Männer die Möglichkeit zur öffentlichkeitswirksa-men Selbstdarstellung, indem sie in Interviews oder ähnlichen Präsentati-onsformen vorgestellt wurden, was die Forscherinnen jedoch nur als ‚Alibi' für die vornehmlich männlichen Journalisten sahen (Cornelißen & Küsters, 1992, S. 132).

Zu ähnlichen Ergebnissen kam auch Prenner (1995), die anhand der Be-richterstattung des österreichischen Radio Burgenland die Geschlechter-rollendarstellung in Nachrichtensendungen untersuchte. Sie fand ebenso wie Cornelißen & Küsters (1992) heraus, daß Frauen nach wie vor in tradi-tionellen Kontexten wie Ehe, Familie, Haushalt vorkamen und aus dem politischen Geschehen weitestgehend ausgegrenzt wurden. Wenn über sie berichtet wurde, waren sie meist in untergeordneten und passiven Rollen zu hören (Prenner, 1995, S. 169-170).

3.2.2. Printmedien

Eine der ersten umfassenden Untersuchungen für den Bereich der seriösen Tagespresse und Nachrichtenmagazine hat Christiane Schmerl 1985 vor-gelegt. Untersuchungsobjekte waren dabei fünf Presseorgane: zwei überre-gionale Tageszeitungen (*Frankfurter Rundschau* und *Die Welt*), zwei wö-chentliche Nachrichtenmagazine (*Stern* und *Spiegel*) und eine regionale Zeitung (*Neue Westfälische*). An diesen Printerzeugnissen sollte für einen Zeitraum von sechs Monaten im Jahr 1976 sowie eine Folgeuntersuchung

im Juni 1983 überprüft werden, welche Inhalte die hier erfolgende Frauendarstellung und Frauenberichterstattung aufgriff und welche Gemeinsam-
keiten und Unterschiede zur Männerdarstellung vorhanden waren.

Die Ergebnisse waren zum einen eine erhebliche quantitative Unterrepräsentation von Frauen in der Berichterstattung (Schmerl, 1985, S. 13-14). So
kamen Frauen nur in 14,1 % bis 29, 8 % aller Artikel vor, während Männer
in 63, 4 bis zu 70, 5 % der Artikel vorkamen (Schmerl, 1985, S. 51). Zum
anderen kristallisierten sich auch für die Inhalte der Frauen- bzw. Männerdarstellung große Unterschiede heraus. Während bei der Frauenberichterstattung das Thema ‚Kultur und Unterhaltung' auf Platz eins stand, war
dies bei den Männern das Thema ‚Politik'. Bei der Frauenberichterstattung
folgten dann auf den weiteren Rangplätzen die Themen ‚Prominenz und
Klatsch', ‚Kriminalität' sowie, erst auf dem vierten Platz das Thema ‚Politik'. In der Männerberichterstattung stand ‚Kultur und Unterhaltung' auf
dem zweiten Platz, gefolgt von ‚Prominenz und Klatsch' und dem Thema
‚Wirtschaft'. (Schmerl, 1985, S. 17, 19) Daraus folgerte Schmerl, daß die
Inhalte der Berichterstattung zwar nicht durch Welten voneinander getrennt
seien, daß jedoch gerade ‚harte' Themen wie Politik von Männern dominiert würden, während Frauen in diesen Themenbereichen nur am Rande
zur Kenntnis genommen würden. Selbst innerhalb klassischer Frauenthemen wie ‚Emanzipation' oder ‚Ehe und Familie' wurde nur wenig über
Frauen berichtet.

Hinsichtlich der qualitativen Art der Berichterstattung konstatierte
Schmerl, daß Frauen annihiliert, also unsichtbar gemacht wurden, indem
ihre Probleme häufig von der Berichterstattung ausgeklammert wurden.
Die von der amerikanischen Forscherin Gaye Tuchman (1980) nachgewie-
sene Verbannung von Frauen in die symbolische Nichtexistenz durch deren
Abwesenheit in der Berichterstattung und Trivialisierung konnte sie belegen. Gerade in klassischen Männerdomänen wie der Politik oder dem Sport
wurde zwar über einige wenige bekannte Frauen berichtet, diese wurden
jedoch mit einer „besonderen weiblichen Note" (Schmerl, 1985, S. 43) versehen. So wurden immer wieder die äußere Erscheinung, der Familienstand oder weibliche Emotionen ins Blickfeld gerückt. Also konnten die
von Gaye Tuchman (1980) für US-amerikanische Massenmedien beschriebenen Befunde für die deutsche Tagespresse sowie für Nachrichtenmagazine damals weitgehend bestätigt werden.

Brigitta Huhnke untersuchte 1996 die Berichterstattung über frauenpoliti-sche Themen. Anhand der Berichterstattung mehrerer Printmedien (*die ta-geszeitung, Der Spiegel, Die Zeit*) sowie einer Nachrichtenagentur (Deut-sche Presseagentur) beleuchtete sie einerseits den quantitativen Umfang der Berichterstattung über Frauenthemen und andererseits die qualitative Art des Diskurses über Frauen. Im Gegensatz zur Studie von Schmerl (1985) führte sie ihre Untersuchung über einen längeren Zeitraum durch, nämlich die Jahre von 1980 bis 1995. Sie kam zu dem Ergebnis, daß die dpa die Führungsrolle bei der frauenpolitischen Berichterstattung innehatte. Von allen vier Medien berichtete *Der Spiegel* am wenigsten über die drei aus-gewählten Themenkomplexe ,Erwerbstätigkeit', ,Politische Gleichberech-tigung' und ,Feminismus'. Das Nachrichtenmagazin wurde aufgrund seiner sehr konservativen und misogynen Berichterstattungsweise sogar zum frauenfeindlichsten unter den vier untersuchten Medien gekürt (Huhnke, 1996, S. 249). Insgesamt gesehen wurde zwar nach Ansicht Huhnkes (1996) meist positiv oder neutral über Frauenthemen berichtet, diese waren jedoch keineswegs ein fester Bestandteil der Berichterstattung. Man kann also insgesamt festhalten, daß über Frauen und frauenpolitische Themen nur selten berichtet wird und diese auf bestimmte Bereiche beschränkt sind.

Insgesamt kann man also die Berichterstattung über und mit Frauen in den deutschen Medien wie folgt zusammenfassen: erstens sind sie rein quanti-tativ gesehen stark unterrepräsentiert und zweitens ist auch die Art der Dar-stellung von einer traditionellen Vorstellung über die Geschlechterrollen geprägt. Die traditionellen Geschlechterrollen halten sich also hartnäckig in den Medien. Frauen werden nach wie vor annihiliert und trivialisiert, wie Gaye Tuchman (1980) vor über zwanzig Jahren schon für die amerikani-schen Medien feststellte.

3.2.3. Die Darstellung von Politikerinnen in der Presse

Im folgenden Kapitel soll gesondert auf die mediale Darstellung von Poli-tikerinnen eingegangen werden, soweit diese für den deutschsprachigen Raum überhaupt untersucht wurde. Denn Politikerinnen nehmen aufgrund ihres Berufs einen anderen Status ein, als Frauen im allgemeinen.

Schmerl (1985) widmete in ihrer Untersuchung ein Kapitel der Berichter-stattung über Politikerinnen. Dabei fand sie heraus, daß überhaupt nur über sehr wenige ausgesuchte Politikerinnen mit einem hohen Rang, wie beispielsweise Margaret Thatcher berichtet wurde. Sie stellte außerdem fest, daß die Presse einen „besonderen Blick" auf diese Politikerinnen warf, indem weibliche Schwächen und vor allem die Kleidung immer wieder thematisiert wurden. Sie zitierte einen Artikel, in dem Margaret Thatcher als „hilfloses Frauchen" beschrieben wurde, das verschreckt herumtrippelte, und sich einen Schutzhelm auf die „festgesprayte Frisur" (Schmerl, 1985, S. 44) setzte. An einer anderen Stelle war Hildegard Hamm-Brücher aufgrund der Äußerung eines männlichen Bundestagsabgeordneten den Tränen nahe. Andere weibliche Abgeordnete wurden als „Apparate-Frauen" ohne Gefühle (Schmerl, 1985, S. 44-45) bezeichnet. An dieser Art der Beschreibung von Politikerinnen kann man ein besonderes Muster der Trivialisierung ablesen. Zum einen werden ihnen übertriebene weibliche Gefühle attestiert, obwohl sie im Alltag ‚ihren Mann stehen'. Zum anderen werden ihnen im Gegensatz dazu jegliche weibliche Gefühle abgesprochen, möglicherweise um sie so für ihre Berufswahl und ihre Unabhängigkeit zu bestrafen.

Andere Autoren kommen zu ähnlichen Ergebnissen. Huhnke (1996) widmete in ihrer Untersuchung ebenfalls ein Kapitel der Darstellung von Politikerinnen. Sie stellte fest, daß hier eine „subtile Denunziation" (Huhnke, 1996, S. 210-214) stattfand. So wurden Politikerinnen häufig sehr klischeehaft dargestellt, indem über sie im Kontext von Mutterschaft oder Hausfrauendarsein berichtet wurde. Sie wurden in vielen Fällen – wie Schmerl (1985) ebenfalls herausfand – auf ihr Äußeres reduziert und nicht selten unterstellte die Presse ihnen ‚traditionell weibliche' Eigenschaften wie ‚Spitzzüngigkeit' oder ‚Hysterie'. Selbst Frauen, die über Parteigrenzen hinweg für ihre Kompetenz geachtet wurden – Huhnke (1996) führte hier Hildegard Hamm-Brücher an, die 1994 bei der Wahl zum Amt des Bundespräsidenten scheiterte – wurden als ‚kriegerische Emanzen' bezeichnet (S. 214). Hier zeigt sich ebenfalls das oben beschriebene Muster der Trivialisierung, das sich in der Darstellung von Frauen und insbesondere von Politikerinnen stetig zu wiederholen scheint. In ähnlicher Weise wird auch mit erwerbstätigen Frauen insgesamt verfahren, die ebenfalls auf eine subtile Art und Weise denunziert werden (Huhnke, 1996, S. 214-218).

Sterr führte 1997 eine qualitative Untersuchung über Frauen und Männer auf der Titelseite einer Tageszeitung durch. Untersuchungsgegenstand war die *Südwest Presse*, eine regionale Tageszeitung. Den Untersuchungszeit-

22

raum bildeten die Jahre 1986 und 1987. Sie konzentrierte sich dabei auf die Mikrostruktur der untersuchten Texte, wie den Satzbau und die Wortwahl. Die von ihr entwickelten Kategorien für die qualitative Textanalyse umfaßten unter anderem die Präsenz und Nichtpräsenz von Frauen, geschlechtsspezifische Konnotationen, Autonomie und Unabhängigkeit, Hervorheben und Einschränken, Erhöhen und Trivialisieren. (Sterr, 1997, S. 23-24) Sie fand heraus, daß die Trivialisierung ein wesentliches Mittel der medialen Darstellung von Politikerinnen war. Diese zeigte sich besonders in der durchgängigen Anredeform ‚Frau', während Männer dagegen mit dem vollen Titel angesprochen wurden. Diese Anredeform diente einerseits zur Abschwächung der Position oder der Aussagen von Politikerinnen, andererseits zur Verdeutlichung der Unangemessenheit aktiven, mutigen, kritischen Verhaltens (Sterr, 1997, S. 108). Auch wurden Politikerinnen männliche Eigenschaften attestiert, so daß der Eindruck von Mannweibern entstand (Sterr, 1997, S. 109). Im wesentlichen konnte auch Sterr mit ihrer Untersuchung die Befunde von Gaye Tuchman (1980) bestätigen, wenn auch die Anzahl der analysierten Artikel zu klein ist, um daraus verallgemeinerbare Aussagen herauszuziehen.

Insgesamt kann man festhalten, daß die Trivialisierung ein wesentliches Mittel bei der Darstellung von Politikerinnen ist. Indem man sie einerseits als übertrieben weiblich darstellt und ihnen andererseits die Weiblichkeit völlig abspricht, werden Zerrbilder geschaffen, die nicht der Realität entsprechen. Ein Problem der hier vorgestellten Untersuchungen zur Darstellung von Politikerinnen in der Presse ist, daß alle bis auf die Arbeit von Huhnke (1996) relativ weit zurückliegen bzw. für einen länger zurückliegenden Untersuchungszeitraum gemacht wurden. In den letzten fünfzehn bzw. zwanzig Jahren, die seit der Untersuchung von Sterr (1997) und Schmerl (1985) vergangen sind, hat sich aber die Lage für Frauen allgemein und für Politikerinnen verändert. Frauen sind verstärkt in Bereiche vorgedrungen, die früher reine Männerdomänen waren. Im wesentlichen zeigen sich allerdings auch für Politikerinnen, zumindestens in den referierten Untersuchungen, die gleichen Muster, wie bei der Darstellung von Frauen insgesamt. Auch sie werden trivialisiert und annihiliert, wenn auch mit etwas subtileren Mitteln. Wie die Lage bei der überregionalen Tagespresse ist, soll im empirischen Teil der vorliegenden Arbeit geklärt werden.

3.3. Das Geschlechterverhältnis in der Politik

Im letzten Jahrhundert haben grundlegende Veränderungen für Frauen stattgefunden. Sie dürfen daher heute, im neuen Jahrtausend, mehr Rechte denn je für sich in Anspruch nehmen. Dazu gehört das Recht, sich aktiv an der Politik zu beteiligen, nicht nur zu wählen, sondern auch, sich als Vertreterinnen des Volkes wählen zu lassen und sich somit ein Stück Macht im Staat zu erwerben. Viele Frauen durchbrachen so die traditionelle Arbeitsteilung und beanspruchten einen Platz in der überwiegend von Männern dominierten Öffentlichkeit für sich.

Der Weg hierhin war steinig, denn das biologische Geschlecht und die traditionelle weibliche Geschlechterrolle galten lange Zeit als Hinderungsgrund für ein politisches Engagement von Frauen. Im folgenden soll kurz geschildert werden, wie sich Frauen eine aktive Rolle im Staat erkämpften und welchen Anteil sie heute an der Politik haben. Außerdem wird erörtert, welchen Problemen Frauen in der Politik aufgrund ihres Geschlechts gegenüberstehen.

3.3.1. Historische Entwicklung

Als sich im 19. Jahrhundert die Frauenbewegung zu etablieren begann, erstreckten sich die ersten Forderungen noch keineswegs auf eine politische Partizipation von Frauen. Frauenvereine wie der *Allgemeine Deutschen Frauenverein* (ADF) forderten das Recht auf Bildung, Ausbildung und Arbeit, die bis dahin nur Männer hatten. (Strecker & Lenz, 1988, S. 13). Von diesen Forderungen konnte das Recht auf Bildung am schnellsten durchgesetzt werden. Im Jahre 1896 durften die ersten sechs Frauen die Abiturprüfung an einem deutschen Gymnasium ablegen und schon einige Jahre später, 1900, gewährte Baden als erstes Land Frauen das Immatrikulationsrecht an Universitäten. (Hoecker, 1998a, S. 26-28)

Die Forderung nach politischer Partizipation dagegen kam erst spät auf die Tagesordnung der Frauenbewegung. Erst zu Beginn des 20. Jahrhunderts bekam diese Forderung mit der Gründung des *Deutschen Verbandes für Frauenstimmrecht* eine Stimme. Im Kaiserreich war Frauen nämlich jegliche Beteiligung am politischen Leben untersagt. Sie durften laut dem Vereinsgesetz weder Mitglieder von Parteien noch von Verbänden sein (Hoecker, 1998b, S. 65). Von den im Parlament vertretenen Parteien unterstützten allein die Sozialdemokraten das passive Frauenwahlrecht. Erst mit

24

der Abschaffung des Vereinsgesetzes im Jahre 1908 wurde die letzte wichtige Hürde, die zwischen Frauen und dem Wahlrecht lag, abgeschafft. (Wurms, 1998, S. 40)

Der große Erfolg für die Stimmrechtsbewegung kam im November 1918 mit der Einführung des Frauenstimmrechts und der Verankerung in der Weimarer Verfassung ein Jahr später. Davon machten bei den ersten Wahlen nach dem Ersten Weltkrieg auch viele Frauen Gebrauch, wie die mit über 82 Prozent sehr hohe Wahlbeteiligung zeigt. Darüber hinaus zogen nun erstmals in der deutschen Geschichte Frauen in das Parlament ein: 9,6 Prozent der Abgeordneten der Weimarer Nationalversammlung waren nun weiblich. (Hervé, 1998a, S. 87)

Die Ära der Gleichberechtigung endete mit der nationalsozialistischen Machtübernahme 1933, indem man Frauen das Wahlrecht wieder nahm und sie in ihre traditionelle Sphäre – das Heim – zurückschickte. (Hoecker, 1998a, S. 29-32; Hoecker, 1998b, S. 65) In der nationalsozialistischen Sichtweise hatte die Frauen lediglich einen Platz, nämlich den als Mutter und Hausfrau. Die Frauenemanzipation wurde als „vom jüdischen Intellekt erfundenes Wort" (Strecker & Lenz, 1988, S. 23) bezeichnet.

Erst mit dem Zusammenbruch des nationalsozialistischen Machtapparates 1945 änderte sich die Situation für die Frauen wieder. Da viele Männer im Zweiten Weltkrieg gefallen waren, mußten Frauen auch Arbeiten übernehmen, die traditionell den Männern vorbehalten waren. Sie leisteten als ‚Trümmerfrauen' Wiederaufbauarbeit, sorgten für das Überleben ihrer Familien und beteiligten sich sogar am politischen Wiederaufbau der Gesellschaft. (Hervé & Nödinger, 1998, S. 129) Mit dem in Artikel 3 Absatz 2 des Grundgesetzes verankerten Satz „Männer und Frauen sind gleichberechtigt" (Grundgesetz für die Bundesrepublik Deutschland, 1949, S. 12) wurde 1949 ein neues Zeitalter für Frauen eingeläutet. Der Gleichheitsgrundsatz war vollzogen, und die Frauen hatten nun sowohl das passive, wie auch das aktive Wahlrecht.

In dieser Zeit wurden viele Frauen auch politisch aktiv, allerdings nur so weit, wie die familiären Pflichten es zuließen. Es wurden Frauenausschüsse und Frauenbüros ins Leben gerufen, um der weiblichen Bevölkerungshälfte mehr Einfluß im öffentlichen Leben zu sichern, wobei dieses Engagement von den Frauen selbst keineswegs als politisch, sondern eher moralisch bezeichnet wurde (Meyer, 1997, S. 330). Auch auf Bundesebene erhielten Frauen ein Mitspracherecht beim Wiederaufbau des Landes, als Konrad Adenauer im Innenministerium ein Frauenreferat einrichten ließ, das vor allem für Familienrecht, Soziales und den Jugendschutz verantwortlich zeichnete (Strecker & Lenz, 1988, S. 24).

Mit der Gründung der Bundesrepublik Deutschland und dem Wiederaufbau politischer Institutionen, die auf Männer ausgerichtet waren, wurden allerdings die alten patriarchalen Strukturen wiederbelebt, denen sich Frauen unterzuordnen hatten. Mit der formellen Verankerung des Gleichheitsparagraphen betrachtete die Regierung Adenauer das Thema Gleichberechtigung als erledigt. Mit einer weitgehend konservativen, auf traditionellen Werten von Familie und Ehe beruhenden Familienpolitik wurden Frauen aus der Politik weitgehend ausgeklammert und der häusliche Bereich wieder zu ihrer ersten Priorität erklärt. (Hervé & Nödinger, 1998, S. 130; Meyer, 1997, S. 321-322) Die ersten weiblichen Bundestagsabgeordneten waren zum größten Teil verwitwet oder geschieden und kinderlos, hatten also keine Familie, deren Versorgung in den Augen der Wähler Vorrang vor einem politischen Engagement gehabt hätte. Um sich überhaupt politisch engagieren zu können, mußten sich Politikerinnen dem traditionellen Leitbild der Frau und Mutter insoweit fügen, daß sie vornehmlich als „gute Mutter" bzw. als „gute Seele der Fraktion" (Meyer, 1997, S. 292) in Erscheinung traten. Erst 1961 wurde mit Elisabeth Schwarzhaupt zum ersten Mal eine Frau zur Ministerin für Gesundheitswesen und damit zu einem Mitglied des Bundeskabinetts ernannt, was ein Durchbruch für deutsche Politikerinnen war (Hoecker, 1998b, S. 76; Strecker & Lenz, 1988, S. 39).

Die siebziger Jahre waren bestimmt vom Reformwillen der sozialliberalen Regierungskoalition unter Willy Brandt. Die Anliegen der Neuen Frauenbewegung mit ihrem Kampf gegen den § 218, den sogenannten Abtreibungsparagraphen und die allgemein relativ frauenfeindlichen Gesetze zum Schwangerschaftsabbruch und im Familienrecht wurden in Gesetzesreformen berücksichtigt. In der Politik traten immer mehr Frauen in Erscheinung, indem sie Parteien beitraten und schließlich auch in Bundestag und Landtage einzogen (Meyer, 1997, S. 302).

In den Länderparlamenten erreichte der Frauenanteil 1984 erstmals die 10-Prozent-Marke. In den Kommunalparlamenten betrug der Frauenanteil 1983 sogar 11 Prozent (Hoecker, 1998b, S. 70-71). Vor dem Hintergrund dieser Entwicklung nahmen in den achtziger Jahren auch die konservativen Parteien ein anderes Frauenbild an, als das, welches sie in den fünfziger Jahren noch propagiert hatten. So ernannte die Regierung Kohl, die für ihr starres und äußerst traditionelles Frauenleitbild kritisiert worden war, Rita Süßmuth zur Frauenministerin. Diese war bei ihrem Amtsantritt 1985 ein Symbol für eine neue Generation von Frauen, die einen qualifizierten Berufsabschluß hatten und ihr Leben selbst in die Hand nehmen wollten. Ihre Ernennung war gleichzeitig die Anerkennung der Tatsache, daß auf gesamtgesellschaftlicher Ebene immer mehr Frauen aus dem traditionellen Frauenbild ausbrachen und sich der Erwerbsarbeit zu und von einer ausschließlichen Hausfrauen- und Mutterrolle abwanden. (Meyer, 1997, 300-301)

Insgesamt läßt sich über die achtziger und neunziger Jahre hinweg ein stetiger Anstieg des Frauenanteils in Bundestag und Länderparlamenten verfolgen. So waren im Jahr 1994 schon 26,3 Prozent aller Abgeordneten weiblichen Geschlechts (Hoecker, 1998b, S. 72), und die Regierung Kohl hatte immerhin drei Ministerinnen im Kabinett (Hoecker, 1998b, S. 77).

3.3.2. Frauenanteile in der Politik

Das folgende Kapitel stützt sich auf aktuelle Zahlen zum Frauenanteil in den politischen Institutionen, die der Verfasserin von den jeweiligen Parteien mit freundlicher Genehmigung zur Verfügung gestellt wurden. Damit soll der Frage nachgegangen werden, wie stark Frauen heute in der Politik vertreten sind.

Betrachtet man zunächst die Anteile der weiblichen Parteimitglieder an den Bundesparteien insgesamt, so ergibt sich folgendes Bild: Die Sozialdemokratische Partei Deutschlands (SPD) spricht in ihrem im November 2001 veröffentlichten Gleichstellungsbericht[5] von einem Frauenanteil von 29,3 Prozent für das Jahr 2000 (S. 9). Die zweite große Partei Deutschlands, die Christlich-Demokratische Union (CDU) kommt ihrem eigenen Frauenbericht[6] (2001) zufolge auf etwas weniger, nämlich 25,2 Prozent (Kapitel 1 Frauenanteile an der Mitgliedschaft und an Ämtern, Funktionen und Gre-

---

[5] Der Gleichstellungsbericht der SPD wurde online eingesehen unter:
   http://www.spd-parteitag.de/servlet/PB/show/1001928/Gleichstellungsbericht.

[6] Der Frauenbericht der CDU wurde online eingesehen unter:
   http://www.cdu.de/politik-a-z/frauen/frauenbericht1.pdf.

mien auf Bundesebene). Deren bayerische Schwesterpartei, die Christlich Soziale Union (CSU) kommt mit lediglich 17,6 Prozent[7] (Data collection tool..., 2000, Kapitel 1 General Information) auf einen wesentlich geringeren Frauenanteil an der Mitgliedschaft. Die kleineren Parteien kommen auf einen wesentlich höheren Frauenanteil, so hat beispielsweise die Partei des Demokratischen Sozialismus (PDS) mit 45,7 Prozent[8] (PDS Online Partei Anteil..., 2002) den größten Frauenanteil von allen Parteien, gefolgt von Bündnis90/Die Grünen mit einem Frauenanteil von 37,4 Prozent[9] (Bündnis 90/Die Grünen – Mitgliederzahlen, 2001). Die Freie Demokratische Partei (FDP) hat einen Anteil von 24,4 Prozent[10] Frauen (PDS Online Partei Anteil..., 2002).

Auch in den Führungsebenen der Parteien findet man in den Jahren 2000 und 2001 immer mehr Frauen. So sind am Parteivorstand der SPD 46,7 Prozent und am Präsidium 46,2 Prozent beteiligt (Gleichstellungsbericht, 2001, S. 10). Die CDU hat 34,1 Prozent Frauen im Bundesvorstand und 28,6 Prozent im Präsidium (Anhang zum Frauenbericht der CDU Deutschlands[11], 2001, Tabelle 2). Für die PDS konnte lediglich der Anteil der „Mandatsträgerinnen" ermittelt werden, der bei 43,6 Prozent (PDS Online Partei Anteil..., 2002) liegt. Die CSU hat einen Frauenanteil von 26,7 Prozent am Parteivorstand (Data collection tool..., 2000, Kapitel 3.2.2 What is the quota for party positions). Zum Frauenanteil in der Führung der FDP waren keine Informationen zugänglich, ebensowenig zum Anteil der Frauen in der Führung von Bündnis 90/Die Grünen. Somit kann man sagen, daß

---

[7] Die Zahlen zum Frauenanteil der CSU stammen aus einem unveröffentlichten internen Papier der Partei. Das Dokument wurde der Verfasserin von der CSU-Landesleitung mit freundlicher Genehmigung zur Verfügung gestellt.

[8] Die Zahlen zum Frauenanteil in der PDS wurden online eingesehen unter: http://www.pds-online.de/partei/daten/frauenanteil.htm.

[9] Die Zahlen zum Frauenanteil bei Bündnis 90/Die Grünen stammen aus einer internen Statistik der Partei. Das Dokument ist nicht öffentlich zugänglich und wurde der Verfasserin von der Parteizentrale mit freundlicher Genehmigung zur Verfügung gestellt.

[10] Da leider von der FDP keine verwertbaren Informationen zum Frauenanteil vorlagen, mußte hier auf die von der PDS zusammengetragenen Zahlen zum Frauenanteil in der FDP zurückgegriffen werden. Diese erschienen glaubhaft, da auch die für die übrigen Parteien referierten Zahlen korrekt waren. Sie wurden online eingesehen unter: http://www.pds-online.de/partei/daten/frauenanteil.htm.

[11] Der Anhang zum Frauenbericht der CDU wurde online eingesehen unter: http://www.cdu.de/politik-a-z/frauen/frauenbericht2.pdf.

Frauen durchaus nicht nur quantitativ in den Parteien repräsentiert sind, sondern – gemessen an ihrer oben genannten Beteiligung am politischen Geschehen sogar relativ stark in den Führungsetagen vertreten sind, besonders bei SPD und PDS[12]. Allerdings ist ein Gleichstand bei den meisten Parteien noch nicht in Sicht.

Betrachtet man die Anzahl von weiblichen Bundestagsabgeordneten in der 14. Wahlperiode, dann ergibt sich folgendes Bild: Den höchsten Anteil an weiblichen Parlamentarierinnen hat die PDS mit 58,3 Prozent zu verzeichnen, dicht gefolgt von Bündnis 90/Die Grünen mit 57,4 Prozent. Erst auf dem dritten Platz und mit deutlichem Abstand nach diesen kleineren Parteien kommt die SPD mit 35,2 Prozent. Die FDP hat einen Anteil von 20,9 Prozent Parlamentarierinnen und die CDU/CSU hat mit nur 18,4 Prozent den geringsten Anteil. (Kürschners Volkshandbuch Deutscher Bundestag, 2000, S. 299) Dies ist überraschend, wenn man bedenkt, daß die Partei zu den großen Volksparteien zählt. Der Gesamtanteil von Parlamentarierinnen beträgt knapp 31 Prozent (Kürschners Volkshandbuch Deutscher Bundestag, 2000, S. 299).

Der genaue prozentuale Anteil weiblicher Mitglieder des Bundesrates konnte leider nicht ermittelt werden. Wenn man allerdings die Tatsache betrachtet, daß von sechzehn Bundesländern nur eines derzeit von einer Frau geführt wird, nämlich Schleswig-Holstein, dann kann man annehmen, daß Frauen im Bundesrat noch keine Hauptrolle spielen.

In der Bundesregierung ist in der 14. Wahlperiode die Lage anders. Hier waren im Mai 2000 fünf von vierzehn Ministerposten in Frauenhand (Kürschners Volkshandbuch Deutscher Bundestag, 2000, S. 295-298). Im Januar 2001 kam mit Renate Künast noch eine weitere Frau hinzu. Damit hat sich die Anzahl der Ministerinnen im Vergleich zur Ära Kohl verdoppelt, der während der 13. Wahlperiode nur drei Ministerinnen im Kabinett beschäftigte (Hoecker, 1998b, S. 76). Betrachtet man allerdings die Ver-

---

[12] Die Einführung einer festen Frauenquote in den Parteien hat offenbar zur Steigerung des Frauenanteils in den Parteien und damit auch in politischen Ämtern beigetragen (Frauenbericht der CDU Deutschlands, Vorwort). Diese Quote fällt je nach Partei unterschiedlich aus. So verlangt die Satzung der CDU eine Mindestquote von 33 Prozent (Frauenbericht der CDU Deutschlands, 2001, Politische Gleichstellung der Frau), die Satzung der SPD eine von 40 Prozent (Gleichstellungsbericht, 2001, S. 5).

teilung der Ministerposten genauer, dann erkennt man, daß die wichtigsten Posten bis auf das Justizministerium nach wie vor in Männerhand sind. Ministerinnen besetzen nach wie vor hauptsächlich die Ressorts, in denen klassischerweise weibliche Kompetenz gesehen wird: Verbraucherschutz, Familie, Gesundheit, Bildung. Die wichtigsten Ämter, das des Bundeskanzlers oder seines Stellvertreters, sind auch unter Schröder fest in Männerhand.

Somit kann man sagen, daß sich das asymmetrische Geschlechterverhältnis in der Politik in den letzten Jahrzehnten zwar deutlich zugunsten der Frauen verschoben hat (Hoecker, 1998b, S. 78), jedoch eine Parität der Geschlechter noch nicht erreicht wurde. Die Politik in Deutschland wird auf der Führungsebene noch von Männern gemacht. Als Erklärung für die ungleiche politische Partizipation von Frauen wird einerseits eine andere politische Sozialisation von Frauen genannt (Hoecker, 1987, S. 21-22). Demnach spielt in der weiblichen Sozialisation die Vermittlung von politischem Interesse, besonders seitens der Bildungsinstitutionen, nur eine untergeordnete Rolle. Andererseits wird auch die Tatsache, daß die politische Kultur patriarchalisch ist, als Grund für die mangelnde Partizipation von Frauen besonders in der politischen Führungsebene, angeführt (Hoecker, 1998b, S. 78). Die Frage ist, ob sich eine rein quantitative Veränderung des Frauenanteils auch auf die Politik auswirken würde und ob Frauen tatsächlich eine andere oder vielleicht sogar bessere Politik machen würden, als Männer.

3.3.3. ‚Frauen im Männerbund‘[13]: ‚Mannweib' oder ‚Quotenfrau'?

Wie Politikerinnen in den Medien dargestellt werden, wurde bereits erörtert. Im folgenden Kapitel sollen einige Probleme angesprochen werden, die Politikerinnen betreffen und die diese Darstellung beeinflussen können. Dabei soll auch ein Blick auf ihr Selbstbild geworfen werden, und auf die Frage, inwieweit ihr Geschlecht für ein Engagement in der Politik hinderlich ist. Denn auch sie wachsen mit bestimmten Vorstellungen von Geschlecht und Geschlechterrollen auf.

Traditionelle weibliche Eigenschaften schreiben sich heute nur noch wenige Politikerinnen zu. Von dem Image der mütterlich-harmonisierend wir-

---

[13] Diese Bezeichnung stammt aus dem Titel der Studie von Meyer (1997).

30

kenden Frau, dem sich Politikerinnen nach dem zweiten Weltkrieg unterzuordnen hatten (Meyer, 1997, S. 294), scheint nur wenig übriggeblieben
zu sein, es wird sogar ausdrücklich abgelehnt (Holzhauer & Steinbauer,
1994, S. 16) Sie beschreiben sich statt dessen als mutig, einsatzbereit, ehrgeizig, belastbar, dynamisch, entschlußfreudig, sowie arbeitsorientiert
(Meyer, 1997, S. 334). Eigenschaften wie Unterordnungsfähigkeit, Für-
sorglichkeit oder Nachgiebigkeit werden selten genannt. Häufig weisen
Politikerinnen darauf hin, daß genau diese Fähigkeiten lange dazu beigetragen haben, Frauen von Machtpositionen fernzuhalten (Volk, 1992,
S. 15). Der Grund für diese traditionell eher Männern zugeschriebenen Eigenschaften liegt sicherlich in der Orientierung vieler Politikerinnen an
männlichen Vorbildern, deren Verhalten nachgeahmt wird (Meyer, 1997,
S. 335). Der Grund dafür ist oft ein Fehlen weiblicher Vorbilder in der Politik. Außerdem müssen sich Frauen, wenn sie Erfolg haben wollen, an die
von Männern vorgegebenen Regeln anpassen, und können ohne männliche
Protektion nicht in die höchsten Parteiämter vordringen (Meyer, 1997,
S. 307; Volk, 1992, S. 121).

Eine der wenigen traditionell weiblichen Eigenschaften, die sich Politikerinnen zuschreiben, ist ein besseres Einfühlungsvermögen und ein Gespür
für die Probleme der Bevölkerung (Volk, S. 18). Wie Monika Hohlmeier,
heute bayerische Kultusminsterin, in einem Interview sagte: „Manchmal
habe ich das Gefühl, daß Frauen den Draht zum Bürger leichter finden. Sie
hören länger zu, versuchen zu erfassen, was das Gegenüber sagt und rea-
gieren darauf." (Volk, 1992, S. 69). Eine männliche Eigenschaft, die manchen Politikerinnen offenbar fehlt, ist die Fähigkeit, sich medial gut zu präsentieren. Dies ist eine Fähigkeit, die eher den Männern zugeschrieben
wird und ein Verhalten, das als „sehr funktional" (Meyer, 1997, S. 348-
349) in der Politik beurteilt wurde.

Es gibt verschiedene Klischeevorstellungen von Politikerinnen. Eines davon ist das der ‚Quotenfrau'. Quoten werden als Belohnung für Leistungs-
schwäche beurteilt und daher abgelehnt. (Meyer, 1997, S. 311) Viele Politikerinnen weisen darauf hin, daß man ohne kompetent zu sein allein aufgrund seines Geschlechtes nicht erfolgreich sein könne: „Manche schwär-
men für die Quote – ich habe immer gesagt, daß das ja wohl die letzte
Möglichkeit wäre – wir brauchen tüchtige Frauen, keine Quotenfrauen."
(Volk, 1992, S. 48) Ebenso wehren sich Frauen in der Politik auch gegen

das Klischee vom „Weibchen" (Meyer, 1997, S. 309), weil dieses ebenso impliziert, sie hätten nur aufgrund ihres Geschlechts Karriere gemacht. Darüber hinaus hoffen viele Politikerinnen auf eine Steigerung des Frauenanteils in der Politik, um bald nicht mehr als ‚Alibifrauen' oder ‚Ausnahmefrauen' gesehen zu werden (Meyer, 1997, S. 338).

Was Leistung und Erfolg angeht, gibt es nach Einschätzung vieler Politikerinnen Unterschiede zwischen Frauen und Männern. Demnach müssen Frauen offenbar mehr für ihre Erfolge tun, sich besser vorbereiten, auch wenn sie nicht intelligenter sein müssen, als ihre männliche Konkurrenz (Volk,1992, S. 89). Außerdem werden Frauen bei einem Mißerfolg härter behandelt als Männer, wie Michaela Geiger, ehemalige Bundestagsabgeordnete sagt: „Wir werden sehr viel unbarmherziger verurteilt, wenn wir uns Schnitzer erlauben." (Volk, 1992, S. 49)

Als belastend empfinden Politikerinnen die Bedeutung, die besonders die Medien ihrer äußeren Erscheinung verleihen, wie Michaela Geiger, unter der Regierung Kohl Staatssekretärin der CSU im Bundestag, feststellte: „Bei Frauen spielt halt auch das Äußere eine größere Rolle, negativ wie positiv. Ich habe schwer gelitten unter dem vermeintlich positiven Titel ‚Miß Bundestag', weil es teilweise hieß, ‚na ja, die sieht gut aus, und so wird sie auch ins Parlament gekommen sein',...". (Volk, 1992, S. 49) Ebenso wie bei dem bereits genannten Klischee von der Quotenfrau wird auch hier die Kompetenz einer Frau durch einen anderen Faktor, in diesem Fall das Aussehen, überdeckt. Die Trivialisierung von Politikerinnen durch die Thematisierung ihrer äußeren Erscheinung schlägt sich auch in der Medienberichterstattung nieder (Schmerl, 1985). Diese Aussage deckt sich mit der Studie von Archer, Iritani, Kimes und Barrios (1985), die die Darstellung von Frauen auf Pressefotos untersuchten. Sie fanden heraus, daß Frauen, unter anderem auch Politikerinnen, auf Pressefotos häufiger körperbetont und Männer eher gesichtsbetont dargestellt wurden. Diese Darstellung wiederum wirkte sich negativ auf die Beurteilung der Intelligenz, des Ehrgeizes sowie der äußeren Erscheinung aus (S. 71). Somit ist die Darstellung der äußeren Erscheinung von Frauen ein wichtiges und nicht zu unterschätzendes Mittel der Trivialisierung und ein Hinweis auf das Fortbestehen der traditionellen weiblichen Geschlechterrolle.

Aus den oben zusammengefaßten Aussagen läßt sich kein Rückschluß auf die breite Masse von Politikerinnen ziehen. Sie zeigen lediglich schlag-

32

lichtartig Probleme auf, die Politikerinnen selbst wahrnehmen. Klar ist, daß traditionelle Weiblichkeitsvorstellungen abgelehnt werden und individuelle Kompetenz in den Vordergrund rückt. Ob sich dies allerdings auch in der Medienberichterstattung niederschlägt, wird im Verlauf der weiteren Ausführungen noch zu erörtern sein.

3.3.4. Politikerinnen als ‚Ausnahmefrauen'

Im bisherigen Verlauf der vorliegenden Arbeit wurden Theorien vorgestellt, die sich auf Frauen allgemein bezogen. Politikerinnen sind jedoch, wie aus den bisher referierten Aussagen hervorging, keine normalen Durchschnittsfrauen, sondern von Berufs wegen exponierter, da sie in der Öffentlichkeit stark präsent sein müssen. Sie haben Anteil an gesellschaftlichen Veränderungen, die sie als Abgeordnete zum Teil mit einleiten. Damit haben sie Anteil an der Macht in einem Bereich, der zu früheren Zeiten eine reine Männerdomäne war.

Es gibt eine Theorie, die die Annahme stützt, daß Politikerinnen ‚Ausnahmefrauen' sind, auch wenn sie diese Bezeichnung ablehnen. Gemäß der Theorie des Tokenismus[14] (Kanter Moss, 1977), werden Frauen, die in männlich dominierte Handlungskontexte eintreten, als ‚Tokens' wahrgenommen. Der Begriff ‚Token' bezieht sich auf Mitglieder sozialer Gruppen, die aufgrund eines bestimmten Merkmales – wie beispielsweise der Geschlechtszugehörigkeit – eine zahlenmäßige Minderheit innerhalb der Gruppe bilden. Diese Minderheit unterscheidet sich nicht hinsichtlich funktionaler Kriterien wie der Qualifikation von den übrigen Gruppenmitgliedern, sondern durch zugeschriebene Merkmale. Diese können bei den restlichen Gruppenmitgliedern Vorurteile über das Verhalten der Minderheit auslösen. Je neuer Tokens in einem Handlungskontext sind, desto häufiger werden diese Zuschreibungen.

Dabei entstehen sowohl Interaktions- wie auch Wahrnehmungseffekte. Zu den Wahrnehmungseffekten gehört eine erhöhte Wahrnehmung von Tokens, die in dem Maße steigt, wie die Zahl der Tokens abnimmt. Je seltener Tokens sind, desto stärker werden sie wahrgenommen. Die Interaktionseffekte umfassen eine Polarisierung zwischen der Token-Kultur und der do-

---

[14] Aufbauend auf die Erkenntnisse einer anderen Studie (Hughes, 1945) beschrieb Kanter Moss (1977) ihre in einer Organisationsstudie gewonnenen Ergebnisse. Sie untersuchte die Interaktionen zwischen Frauen und Männern in der Verkaufsabteilung einer amerikanischen Firma, in der erst seit kurzem auch Frauen arbeiteten.

minanten Gruppenkultur, wobei die Unterschiede zwischen beiden besonders betont werden.

Der Tokenstatus bringt auch bestimmte Geschlechterrollenzuschreibungen seitens der dominanten Gruppenmitglieder mit sich, die zu Rollenfallen – „role entrapments" (Kanter Moss, 1977, S. 980) – werden können. Erstens werden Frauen häufig in eine Mutterrolle gepreßt. Sie werden so zu einer emotionalen Stütze für die Männer in der Gruppe, ihre Leistungen werden jedoch kaum beachtet und man erwartet von ihnen ein kritikloses Einfügen in die Gruppe (Kanter Moss, 1977, S. 982). Die zweite Rolle ist die der Verführerin. Dabei werden Frauen zu bloßen Sexualobjekten stilisiert, ihre Leistungen in keiner Weise gewürdigt. Die dritte Rolle ist die des ‚Kumpels' oder Maskottchens, das von den Männern überallhin mitgenommen wird und das Gruppengeschehen zwar miterlebt, dabei aber ein Außenseiter bleibt. Zeigt eine kumpelhafte Frau einmal Kompetenz, wird sie überschwenglich dafür gelobt, da ein solches Verhalten von den Männern in der Gruppe als außergewöhnlich und unerwartet gesehen wird. Die vierte mögliche Rolle für Token-Frauen ist die der „Iron Maiden" (Kanter Moss, 1977, S. 983), einer Art versachlichten und entsexualisierten Karrierefrau. Die Frauen in dieser Kategorien werden als harte ‚Emanzen' angesehen, weil sie für ihre Leistungen und Kompetenz die gleiche Anerkennung fordern, wie Männer. Man erkennt bei diesen Rollenmustern also zwei Trends. Zum einen die übertriebene Zuschreibung weiblicher Eigenschaften, wie im Falle der Mutterrolle oder der Verführerin. Zum anderen die Aberkennung jeglicher weiblicher Eigenschaften, wie im Falle der beiden letzteren Rollenzuschreibungen. Dieses Muster läßt sich auch in der Medienberichterstattung erkennen.

Diese Interaktions- und Wahrnehmungstheorie wurde vor über einem Viertel Jahrhundert aufgestellt. Seitdem haben sich viele Veränderungen in der Lage von Frauen ergeben. Zudem wurde die Theorie anhand einer Organisationsstudie in einer amerikanischen Firma entwickelt, also nicht anhand der Situation von Politikerinnen. Allerdings zeigen die bereits vorgestellten Zahlen des Frauenanteils in der Politik, daß Frauen tatsächlich im Vergleich zu Männern in der Politik in der Minderheit sind. Dies könnte dafür sprechen, daß sie als Ausnahmefrauen im Sinne von Token-Frauen wahrgenommen werden, auch wenn es keinen empirischen Beweis dafür gibt. Darüber, wie sie in den Medien dargestellt werden, sagt diese Theorie zwar nichts aus, man kann aber vermuten, daß Frauen in der politischen Arena, besonders auf den höheren Karriereebenen aufgrund ihrer zahlenmäßigen Unterrepräsentation als Ausnahmeerscheinungen wahrgenommen werden.

3.4. Das Geschlechterverhältnis im Journalismus

Auch in der Journalismusforschung spielt die Kategorie Geschlecht heute eine wichtige Rolle. Ähnlich wie in der Medieninhaltsforschung wurde dieses Themengebiet lange Zeit vernachlässigt oder nur am Rande abgehandelt. Im vergangenen Jahrzehnt sind verschiedene Untersuchungen durchgeführt worden, die das Verhältnis der Geschlechter und den Einfluß von Geschlecht auf die journalistische Arbeit beleuchteten. Im folgenden soll kurz referiert werden, wie hoch der Frauenanteil im Journalismus ist und ob es hinsichtlich des Selbstverständnisses Unterschiede zwischen Journalistinnen und Journalisten gibt.

Die aktuellsten Zahlen für die vorliegende Untersuchung stammen aus einer Studie des Zentrums für Kulturforschung (2001), das im Auftrag des Bundesministeriums für Familie, Senioren, Frauen und Jugend Daten zur Berufssituation und Qualifizierung von Frauen im Kultur- und Medienbetrieb recherchierte. Im Rahmen dieses Projektes wurden auch Strukturdaten über erwerbstätige JournalistInnen zusammengetragen. So arbeiten, basierend auf einer Schätzung des Deutschen Journalisten Verbandes (DJV) aus dem Jahr 1997, insgesamt 59.000 Journalisten in Deutschland, davon sind 42.500 fest angestellt. Diese verteilen sich folgendermaßen auf die einzelnen Medientypen: rund ein Drittel arbeitet für Tageszeitungen, ein Viertel bei Rundfunk- und Fernsehanstalten, ein Fünftel bei Zeitschriften und Anzeigenblättern. 16 Prozent erfüllen eine Tätigkeit bei Pressestellen und 5 Prozent bei Agenturen und Pressebüros (Deutscher Journalisten Verband, 1997; zitiert nach Zentrum für Kulturforschung, 2001, S. 76). Somit arbeiten also die meisten Journalisten bei Tageszeitungen. Allerdings liegen in dieser Schätzung keine Zahlen zum Frauenanteil vor.

Hinsichtlich des Frauenanteils greift das Zentrum für Kulturforschung mangels neuerer Zahlen auf eine Berechnung von Weischenberg, Löffelholz und Scholl von 1993 zurück, der zufolge es in Deutschland 36.000 Journalisten gab, davon 31 Prozent Frauen (S. 27). Nach Medientypen ergab sich folgende Verteilung: die Tageszeitungen hatten 17.100 Mitarbeiter, davon waren 27 Prozent Frauen. Die öffentlich-rechtlichen Rundfunkanstalten hatten 6.175 Mitarbeiter, davon 28 Prozent Frauen. Der private Hörfunk hatte sogar einen Anteil von 38 Prozent weiblicher Mitarbeiter. Die Medien mit dem höchsten Frauenanteil sind die Mediendienste mit einem Frauenanteil von 44 Prozent und die Zeitschriften, die mit 41,5 Prozent den gleichen Frauenanteil wie das private Fernsehen haben. (Weischenberg, Löffelholz & Scholl, 1993, S. 27)[15]

In einer 1994 vorgelegten Studie beleuchteten Weischenberg, Keuneke, Löffelholz und Scholl die Situation von Frauen im Journalismus in Deutschland. Es zeigte sich, daß es bei der Ressortzugehörigkeit große geschlechtsspezifische Unterschiede gab. So wiesen die ‚harten‘ Ressorts Politik und Wirtschaft einen Anteil an männlichen Journalisten von drei Vierteln bzw. vier Fünfteln auf. Auch die Bereiche Wissenschaft, Lokales und Sport hatten einen überdurchschnittlich hohen Anteil an männlichen Mitarbeitern, während die befragten Journalistinnen eher in kleineren, ‚weichen‘ Ressorts tätig waren. Dazu zählten die Bereiche Soziales/ Familie, Unterhaltung, Ratgeber/Service sowie das Feuilleton (Weischenberg, Keuneke, Löffelholz & Scholl, 1994, S. 20-21). Hier zeigt sich ganz klar eine geschlechtsspezifische Kompetenzverteilung. Wie bereits in einem vorangegangenen Kapitel erläutert wurde, werden Männern aus der traditionellen Geschlechterrolle heraus eher die Fähigkeit zu einer rationalen Analyse sowie zu emotionaler Distanz zugesprochen, die den Umgang mit harten Nachrichten ermöglichen soll. Frauen hingegen sind gemäß der traditionellen Sichtweise eher befähigt zum Umgang mit Menschen, zu Empathie und für Schöngeistiges und damit eher für Kulturberichterstattung und Service geeignet.

Einer deutlichen geschlechtsspezifischen Ressortzuweisung widerspricht jedoch Lünenborg (1997) in ihrer international vergleichenden Analyse zum gendering im sozialen System Journalismus. Sie weist darauf hin, daß es offenbar neue Organisationsformen im Journalismus gebe, die nicht mehr mit der althergebrachten Ressortstruktur erfaßt werden könnten. Als

---

[15] Auch Schneider, Schönbach und Stürzebecher (1993a, 1993b) untersuchten den Anteil von Frauen im Journalismus und kamen dabei zu ähnlichen Ergebnissen. So arbeiteten laut ihrer Erhebung im Jahr 1992 in Westdeutschland ca. 25 % Frauen im Journalismus (1993a, S. 10), während es im Osten sogar 36 % waren (1993b, S. 359). Die meisten Frauen arbeiteten in Zeitschriftenredaktionen.

Beweis dafür wertet sie den in Befragungen ermittelten hohen Anteil von JournalistInnen, die sich keinem der vorgegebenen Ressorts zuordnen konnten und sich daher einem Mischressort zuordneten (Lünenborg, 1997, S. 114).

Weitere Unterschiede zwischen den Geschlechtern fanden Weischenberg et al. (1994) hinsichtlich der Bezahlung und der Aufstiegschancen, was jedoch die Arbeitszufriedenheit der hier benachteiligten Journalistinnen nicht beeinträchtigte (S. 6-7). Zu einem ähnlichen Ergebnis waren auch Schneider, Schönbach und Stürzebecher gelangt (1993a, S. 17-18). Bei der Frage nach dem Rollenverständnis zeigten sich nur wenige Unterschiede zwischen den Geschlechtern, da sowohl Journalistinnen als auch Journalisten eine „sachliche, gründliche und rasche Vermittlungstätigkeit mit kritischem Anklang" (Weischenberg et al., 1994, S. 52) bevorzugten. Lediglich bei der Intensität, mit der diese Ziele befürwortet wurden, gab es Unterschiede. So tendierten Männer eher zu einem neutral-informierenden bzw. kritisch-kontrollierenden Journalismuskonzept, während Frauen eher zu einem publikums- bzw. kommunikatororientierten Konzept neigten. (Weischenberg et al., 1994, S. 53)

Aufgrund dieses relativ gleichartigen journalistischen Rollenverständnisses warnen die Forscher vor der vereinfachenden Sichtweise eines typisch ‚weiblichen' und eines typisch ‚männlichen' Journalismus. Die Angleichung hinsichtlich des Rollenverständnisses ist ihrer Meinung nach auf die berufliche Sozialisation zurückzuführen, die eine „Einebnung etwaiger (gesellschaftlich bedingter) Unterschiede zwischen Männern und Frauen" (Weischenberg et al., 1994, S. 54) bewirke und damit die geschlechtsspezifische Sozialisation überlagere. Wenn man jedoch die Aufteilung der Ressorts betrachtet, scheinen zumindest die Vorstellungen von biologisch bedingten Kompetenzen und Aufgabenbereichen im System Journalismus nach wie vor vorhanden zu sein.

Insgesamt bleibt festzuhalten, daß der Journalismus in Deutschland in Bereichen wie der Politikberichterstattung immer noch eine Männerdomäne ist. Interessant ist, daß bei dem journalistischen Nachwuchs schon seit Jahren in einschlägigen Studiengängen die Mehrheit von Frauen gestellt wird. Auch die Anteile der weiblichen Auszubildenden liegen über dem Durchschnitt in der Berufssparte. (Lünenborg, 1997, S. 119). Als Grund dafür, daß sich der Frauenanteil trotz dieser Entwicklung insgesamt so wenig ver-

ändert, vermuten Weischenberg et al. (1994), daß Frauen ab einem bestimmten Alter wieder aus dem Beruf ausscheiden, vielleicht aus Gründen
der Familienplanung (S. 13, 15) und damit das Feld wieder den Männern
überlassen.

3.5. Zusammenfassung und Forschungsfragen

Wie die bisherigen theoretischen Ausführungen gezeigt haben, sind sowohl
die Politik als auch der Journalismus in vielen Bereichen Männerdomänen.
Frauen dringen zwar zunehmend in diese ein, müssen sich aber an die von
Männern vorgegebenen Regeln halten. Das zieht auch eine starke Anpassung an das Umfeld und eine Angleichung von Männern und Frauen nach
sich. In der Politik zeigt sich dies, indem sich Frauen viele Eigenschaften
zuschreiben, die nach der traditionellen Sichtweise den Männern zugeordnet werden. Im Journalismus haben sich die Berufsauffassungen und das
Rollenverständnis der Geschlechter angeglichen. Dies läßt vermuten, daß
es hinsichtlich der Darstellung von Politikerinnen in den Medien nur wenige Unterschiede zur Darstellung von Politikern gibt.

Dieser Annahme widersprechen jedoch Untersuchungen zum Frauenbild in
den Medien. So zeigen auch neuere Studien (Huhnke, 1996; Prenner, 1995;
Weiderer, 1993), daß es zum Teil große Unterschiede zwischen der Darstellung von Frauen und Männern gibt, auch hinsichtlich der Geschlechterrollen. Auch Politikerinnen werden häufig in eher trivialen Kontexten wie
Mutterschaft dargestellt, während ihre fachlichen Qualitäten selten hervor-
gekehrt werden. Offenbar scheint die geschlechtsspezifische Sozialisation
der Journalisten eine größere Rolle zu spielen als Weischenberg et al.
(1994) annahmen (S. 54).

Wie bereits referiert wurde, gibt es zwar Studien zum Frauenbild in den
Medien. Es scheint jedoch zum Thema der Darstellung von Politikerinnen
in den Medien nur wenig Literatur zu geben. Sowohl die Untersuchung von
Schmerl (1985), als auch die von Sterr (1997) wurden qualitativ durchgeführt. Quantitative Studien, die sich mit Politikerinnen beschäftigen, gibt es
kaum. Hier wäre nur die Arbeit von Huhnke (1996), die jedoch einen anderen theoretischen Ansatz als die vorliegende Untersuchung verfolgt, und
die Arbeit von Prenner (1995) zu nennen. Beide Studien beschäftigen sich
allerdings lediglich am Rande mit der Darstellung von Politikerinnen. Zur
überregionalen deutschen Tagespresse fand sich keine einzige Arbeit, auf

deren Erkenntnisse man hätte aufbauen können. Dies und die genannten Widersprüche erschwerten das Formulieren von geschlossenen Hypothesen. Daher wurde beschlossen, mit offen formulierten Forschungsfragen an die Untersuchung heranzugehen.

Von Beginn der Untersuchung an richtete sich das Forschungsinteresse auf die Frage, ob die Geschlechterdifferenz überhaupt in der Tagespresse verarbeitet wird und ob traditionelle Weiblichkeitsvorstellungen noch in der Darstellung von Politikerinnen vermittelt werden. Wie in den theoretischen Ausführungen dargestellt wurde, gilt Geschlecht heute in der Gender-Forschung nicht mehr als statische und unveränderbare biologische Größe, sondern als sozial hergestellt und vermittelt. Folgt man dieser Argumentation, dann kann man annehmen, daß auch die Medien an diesem Prozeß beteiligt sind und bestimmte Vorstellungen von Männlichkeit und Weiblichkeit verbreiten. Da man jedoch nicht von vorneherein sagen kann, wie diese aussehen, mußte ein Maßstab gefunden werden, an dem diese gemessen werden konnten. Dieser Maßstab sind die in der Literatur sehr umfassend beschriebenen traditionellen Geschlechterrollen.

Die Leitforschungsfrage lautet also: **Inwieweit wird die Geschlechterdifferenz in der Berichterstattung der überregionalen deutschen Tagespresse im Bild von PolitikerInnen, hier im besonderen als BundesministerInnen definiert, aufgegriffen und verarbeitet und sind darin noch traditionelle Vorstellungen von den Geschlechtern und den Geschlechterrollen vorhanden?**

Davon ausgehend wurden unter Einbeziehung der Theorie weitere Forschungsfragen formuliert, die Aufschluß über das in der Leitforschungsfrage dargestellte Problem geben sollten. Um gültige Aussagen über die Darstellung von Bundesministerinnen machen zu können, mußten alle für Frauen untersuchte Aspekte mit denen über Männer, also Bundesminister, verglichen werden.

Zunächst einmal bot es sich an, ausgehend von den Forschungsergebnissen über Frauenberichterstattung allgemein, nach den formalen Aspekten wie dem Umfang oder der Plazierung der Berichterstattung über und mit Bundesministerinnen im Vergleich zu Bundesministern zu fragen. Frauen werden demnach annihiliert, sie kommen also nur selten oder gar nicht in der Berichterstattung vor. Folgt man jedoch der Theorie über Tokenismus

(Kanter Moss, 1976), dann sind Politikerinnen bzw. Bundesministerinnen keine normalen Frauen, sondern Ausnahmefrauen, die aufgrund ihres Seltenheitsstatus mit einer erhöhten Aufmerksamkeit rechnen müssen.

Die Forschungsfrage 1 lautet also: **Wie sehen die formalen Aspekte der Berichterstattung über und mit Bundesministerinnen im Vergleich zu ihren männlichen Kollegen aus?**

Schmerl (1985) fand heraus, daß Frauen allgemein eher in trivialeren Kontexten wie Gesellschaftsklatsch vorkamen und Männer die harten Themen wie Politik dominierten. Zu ähnlichen Resultaten kam auch Prenner (1995), die außerdem feststellte, daß Frauen häufiger in einem privaten Kontext dargestellt werden.

Forschungsfrage 2 lautet: **In welchem Kontext wird über Bundesministerinnen im Vergleich zu ihren männlichen Kollegen berichtet?**

Frauen stehen im Gegensatz zu Männern unter einem enormen Attraktivitätsdruck. Dies gilt besonders für Frauen, die die männliche Vorherrschaft in Frage stellen (Mühlen Achs, 1993, S. 27). Christiane Schmerl (1985) bestätigte dies in ihrer Untersuchung, als sie herausfand, daß Politikerinnen häufig auf ihr Äußeres reduziert wurden. Auch laut Aussagen von Politikerinnen spielt das Aussehen von Frauen eine größere Rolle, als das von Männern (Volk, 1992, S. 49).

Forschungsfrage 3 lautet: **Welche Bedeutung wird der äußeren Erscheinung der Ministerinnen im Vergleich zu der ihrer männlichen Kollegen in der Berichterstattung zugemessen und wie wird die äußere Erscheinung thematisiert?**

Wie bereits im Theorieteil ausgeführt, werden Frauen und Männern in einer Gesellschaft jeweils unterschiedliche Eigenschaften zugeordnet. Diese verhalten sich komplementär zueinander. Frauen werden traditionell eher als emotional, irrational und passiv beschrieben, während Männer aktiv, emotionslos und rational sind (Mühlen Achs, 1993, S. 112, 31; Neuendorff-Bub, 1979, S. 82-83; Simmel, 1983, 1986, S. 222, 224). Laut verschiedenen Studien (Cornelißen & Küsters, 1992; Weiderer, 1993) sind diese Rollenvorstellungen in den Medien immer noch vorhanden. Es stellt sich also die Frage, ob diese traditionellen Eigenschaften auch in der Berichterstattung der überregionalen Tagespresse vorhanden sind und ob Frauen immer noch so beschrieben werden.

Forschungsfrage 4 lautet: **Welche traditionellen Eigenschaften werden in der Darstellung von Ministerinnen im Vergleich zu Ministern verwendet?**

Laut bereits referierten Aussagen von deutschen Politikerinnen (Volk, 1992) müssen Frauen häufig besser sein als Männer, um anerkannt zu werden und etwas zu erreichen, und werden bei Mißerfolgen härter behandelt, als Männer. Daher stellt sich die Frage, ob Leistungen und Erfolge von Bundesministerinnen adäquat berücksichtigt werden. Auf der anderen Seite haben Token-Frauen einen erhöhten Aufmerksamkeitsstatus, man könnte also ebenso annehmen, daß ihre Erfolge und Leistungen auch häufiger wahrgenommen werden. Das gleiche gilt für Mißerfolge.

Forschungsfrage 5 lautet: **Wie geht die seriöse deutsche Tagespresse mit der politischen Kompetenz von MinisterInnen um?**

4. Methode

Im folgenden Kapitel werden die Wahl der Methode sowie die Durchführung der Untersuchung beschrieben. Es wird erläutert, wie das Untersuchungsmaterial aussieht und welcher Untersuchungszeitraum gewählt wurde. Außerdem wird dargelegt, wie das Kategoriensystem erstellt und geprüft wurde. Dieses Kapitel dient der geforderten Offenlegung des Verfahrens durch den Forscher, um damit die Nachvollziehbarkeit der Untersuchung für Dritte zu gewährleisten.

4.1. Inhaltsanalyse

Früh (2001) definiert die Inhaltsanalyse als „empirische Methode zur systematischen, intersubjektiv nachvollziehbaren Beschreibung inhaltlicher und formaler Merkmale von Mitteilungen; (häufig mit dem Ziel einer darauf gestützten interpretativen Inferenz)" (S. 25). Dies bedeutet, daß Medienerzeugnisse, also wie im vorliegenden Fall Presseartikel, auf ihren Inhalt und formale Merkmale hin untersucht werden.

In dieser Definition sind wichtige Kriterien für eine wissenschaftliche inhaltsanalytische Untersuchung genannt. Zum einen muß sie systematisch angelegt sein, es muß also eine klar strukturierte Vorgehensweise bei der Umsetzung in die Forschungsstrategie und eine konsequente und immer gleichbleibende Anwendung der Forschungsstrategie auf das Untersuchungsmaterial gegeben sein. (Früh, 2001, S. 37) Zum anderen wird verlangt, daß die Untersuchung intersubjektiv nachvollziehbar ist. Darunter versteht man das Gütekriterium der Objektivität, also ob die Untersuchung so durchgeführt und dokumentiert wurde, daß sie jederzeit von anderen Forschern reproduziert werden kann. Zur Erfüllung dieser Bedingung ist die Vorgehensweise vom Forscher komplett offenzulegen. (Brosius & Koschel, 2001, S. 162; Früh, 2001, S. 37)

Die quantitative Inhaltsanalyse, wie sie in der vorliegenden Untersuchung eingesetzt wurde, bietet erstens den Vorteil, daß große Textmengen analysiert werden können. Zweitens ist sie eine quantifizierende Methode, deren Ergebnisse man statistisch auswerten kann, so daß man die Möglichkeit der Übertragung der Ergebnisse auf die Grundgesamtheit der Presseberichterstattung prüfen kann. Drittens ist das Untersuchungsmaterial nicht reaktiv, es verändert sich also nicht durch die Untersuchung. (Brosius & Koschel, 2001, S. 171; Früh, 2001, S. 39)

Zu den Nachteilen der Inhaltsanalyse gehört es, daß zwar größere Textmengen analysiert werden, jedoch nicht in ihrer gesamten Komplexität,
sondern in den für das Erkenntnisinteresse relevanten Ausschnitten. Vieles,
was ‚zwischen den Zeilen' steht, bleibt dabei unberücksichtigt. (Brosius &
Koschel, 2001, S. 161)

Das für die Analyse entwickelte Meßinstrument, das Kategoriensystem,
muß die Gütekriterien der Validität und der Reliabilität erfüllen. Voraussetzung für die Validität ist die umfassende Widerspiegelung des theoretischen Konstruktes. Ist dies nicht der Fall, dann ist die Validität nicht gegeben und man mißt nicht das, was man messen will. Ein weiteres wichtiges
Gütekriterium ist die Reliabilität des Meßinstruments. Das bedeutet, die
einzelnen Kategorien müssen so genau und eindeutig definiert werden, daß
man auch nach Monaten bei einer Wiederholung zu den gleichen Codierer-
gebnissen kommt. (Brosius & Koschel, 2001, S. 182-183; Früh, 2001,
S. 84-85)

Mit Hilfe der Inhaltsanalyse kann man Medienprodukte mit verschiedenen
Zielen analysieren. Zum ersten kann man von einem Text oder Beitrag auf
den Kommunikator schließen, also auf die Meinungen und Einstellungen
der Journalisten, die Urheber sind. Zum zweiten ermöglicht eine Inhaltsanalyse den Schluß auf die Wirkung der jeweiligen Mitteilung auf den Rezipienten. Zum dritten kann man von den Medieninhalten auch auf den
Kontext schließen, in dem sich ein bestimmter Prozeß ereignet hat. (Brosius & Koschel, 2001, S. 163-166; Merten, 1995, S. 38)

Da sich die vorliegende Untersuchung mit der Herstellung und Vermittlung
von Geschlechterrollen beschäftigt, ist die quantitative Inhaltsanalyse eine
geeignete Methode, um empirisch zu prüfen, ob es noch traditionelle Vorstellungen in der Darstellung von Politikerinnen in Pressetexten gibt und ob
geschlechtsspezifische Unterschiede in der Berichterstattung vorhanden
sind.

4.2. Untersuchungsmaterial und Untersuchungszeitraum

Die Auswahl des Untersuchungsmaterials orientierte sich an der Fragestellung der Berichterstattung über Politikerinnen. Es sollten Presseorgane
untersucht werden, die regelmäßig und auf seriöse Art über Politik berich-
teten. Hier bot es sich an, entweder Nachrichtenmagazine wie *Spiegel* oder
FOCUS zu analysieren oder die überregionale deutsche Tagespresse

(Abonnementpresse). Schließlich wurde zugunsten der deutschen Tagespresse entschieden, da für diese, zumindest nach Wissen der Verfasserin, zu dieser Themenstellung keine Inhaltsanalyse vorlag.

Die Medien, deren Berichterstattung in der vorliegenden Arbeit untersucht wird, sind die drei überregionalen deutschen Tageszeitungen mit der höchsten Auflage, nämlich die *Süddeutsche Zeitung (SZ)*, die *Frankfurter Allgemeine Zeitung (FAZ)* und *Die Welt*. Die ursprüngliche Idee, auch die *Frankfurter Rundschau* in die Analyse einzubinden, konnte leider aus forschungsökonomischen Gründen nicht durchgeführt werden, da es sich bei der Durchsicht des Materials herausstellte, daß die Menge an Artikeln viel zu groß war, um sie im Rahmen einer Magisterarbeit zu bewältigen.

Tageszeitungen sind, wie eingangs erwähnt wurde, ein wichtiges Informationsmedium mit einer sehr hohen Glaubwürdigkeit bei ihren Lesern. Die *Süddeutsche Zeitung*, die seit 1945 in München erscheint und eine Auflage von 434.000 Exemplaren hat, ist in ihrer Grundhaltung liberal bis sozialdemokratisch. Sie zeichnet sich durch einen breiten überregionalen Nachrichten- und Meinungsteil aus. Die *Frankfurter Allgemeine Zeitung* hat eine Auflage von 408.000 Exemplaren und erscheint seit 1949 in Frankfurt am Main. Sie vertritt eher konservative Positionen in ihrem Politikteil und zeichnet sich ebenfalls durch eine umfassende politische Berichterstattung aus. *Die Welt* hat ihre Zentralredaktion in Berlin und erscheint seit 1946. Sie hat eine Auflage von 250.000 Exemplaren und hat ebenso wie die *Frankfurter Allgemeine Zeitung* eine eher konservative Grundhaltung. (Meyn, 2001, S. 105-106) Diese drei auflagenstärksten seriösen deutschen Tageszeitungen haben einen Leserkreis, der auch viele leitende Angestellte und Führungskräfte in Staat und Wirtschaft umfaßt. Man kann zum einen annehmen, daß die Berichterstattung dieser Qualitätszeitungen auch die Meinungen ihrer Leser prägt, und zum anderen, daß die Berichterstattung der überregionalen Qualitätspresse die Berichterstattung von kleineren Zeitungen beeinflußt, da sich Journalisten von regionalen und lokal erscheinenden Zeitungen mit an der Berichterstattung der ‚Großen' orientieren (Brosius & Koschel, 2001, S. 185).

Für die vorliegende Untersuchung war nicht der gesamte redaktionelle Teil der Zeitungen von Interesse, sondern nur die politische Berichterstattung, weil hier sehr häufig und in einem politischen Kontext über BundesministerInnen berichtet wird. Daher wurde nur der Politikteil der einzelnen

Zeitungen in die Analyse einbezogen. Außerdem wurde auch nur die innenpolitische Berichterstattung berücksichtigt. Alle Artikel, die sich nicht mit innerdeutschen Problemen beschäftigten, wurden ausgeklammert. Ebenso Artikel, die sich mit der Lage in einem fremden Land beschäftigten oder mit dem Besuch eines deutschen Ministers im Ausland. Ebenfalls in die Analyse einbezogen wurden die Meinungs- und Kommentarseiten, weil hier die Journalisten besonders kritisch oder ironisch ihre Meinung über Politiker äußern können.

Die vorliegende Arbeit beschäftigt sich mit der Darstellung von Politikerinnen. Als Politikerinnen im Sinne dieser Arbeit gelten alle Bundesministerinnen der 14. Wahlperiode, die im Untersuchungszeitraum seit 1998 an der Bundesregierung beteiligt waren oder sind. Eine Übersicht über die BundesministerInnen bietet Kürschners Volkshandbuch Deutscher Bundestag (2000, S. 295-298). Der Grund für die Entscheidung, die Berichterstattung über BundesministerInnen zu analysieren, ist deren Vergleichbarkeit untereinander, da alle formal gesehen den selben Status haben. Da in der 14. Wahlperiode, wie bereits in Kapitel 3.3.2 ausgeführt wurde, mehr Frauen als je zuvor am Kabinettstisch saßen, bietet sich hier eine interessante Möglichkeit zur Untersuchung von Geschlechterrollen.

Der Untersuchungszeitraum ergibt sich aus der Wahlperiode. Er beginnt am 27. Oktober 1998 nach der Vereidigung des neuen Bundeskabinetts und endet genau drei Jahre später, am 25. Oktober 2001. Da der Plan, die gesamte Wahlperiode zu analysieren, nicht verwirklicht werden konnte, da diese erst am 22. September mit der Bundestagswahl endet, wurde das Ende des Untersuchungszeitraums so gelegt, daß genau drei Jahre Berichterstattung analysiert werden konnten. So sollten auch eventuelle Wahlkampfeinflüsse im Hinblick auf den Bundestagswahlkampf 2002 ausgeschaltet werden, da der letzte reguläre Parteitag der SPD vor der Bundestagswahl Mitte November 2001 stattfand und hier schon Vorentscheidungen für den Wahlkampf getroffen wurden. Ebenso rückte bei der CDU/CSU die Kandidatenfrage immer mehr in den Vordergrund.

4.3. Beschreibung der Stichprobe

Da die Untersuchung über mehrere Jahre hinweg erfolgte und außerdem die Berichterstattung von täglich erscheinenden Zeitungen über insgesamt 19 BundesministerInnen, sieben Frauen und zwölf Männer, analysiert werden sollte, war es nötig, eine Stichprobe zu ziehen. Als Auswahlkriterium wurde die Nennung der zu betrachtenden Minister in der Überschrift von einzelnen Artikeln festgelegt. Artikel sind in sich geschlossene Einheiten, die in der Regel von einem oder mehreren Verfassern zusammen verantwortet werden und in der ein bestimmtes Thema abgehandelt wird (Brosius & Koschel, 2001, S. 187). Diese Nennung der Minister konnte zum einen durch die Nennung ihres Namens ('Joschka Fischer erhielt auf dem Parteitag Unterstützung') oder durch die Nennung ihres Titels ('Bundesbildungsministerin stellt heute Konzept vor') erfolgen. Artikel, in deren Überschrift das gesamte Bundeskabinett genannt wurde ('Bundeskabinett beschließt heute Zuwanderungsgesetz'), wurden nach einer Vorsondierung ausgeschlossen, da nicht die Darstellung des Bundeskabinetts als Kollektiv interessierte, sondern die der einzelnen Minister.

Um die Grundgesamtheit der Presseberichterstattung möglichst gut abzubilden und dabei Verzerrungen zu vermeiden, und regelmäßige Meßzeitpunkte über die Zeit hinweg zu erhalten, wurde beschlossen, eine geschichtete Zufallsstichprobe zu ziehen. Es wurden Künstliche Wochen gebildet, um alle Wochentage in die Untersuchung einzubinden. Zunächst wurde für jede Kalenderwoche des Jahres ein Tag durch eine Zufallsauswahl (Ziehen ohne Zurücklegen) gezogen (Brosius & Koschel, 2001, S. 187). Da jedoch das Material bei einer wöchentlichen Meßweise zu umfangreich wurde, um es im Rahmen einer Magisterarbeit zu analysieren, mußte die Stichprobe gestreckt werden. Eine Schicht umfaßte nun zwei Kalenderwochen. Auf diese Weise bildeten je sechs Tage eine Künstliche Woche[16]. Insgesamt kamen so 341 Artikel zusammen.

Davon wurden 27 Artikel gezogen, um den Pretest durchzuführen. Dabei wurden zunächst aus allen Artikeln drei Stapel gebildet, die nach Medien und Erscheinungszeitpunkt geordnet waren. Die drei Stapel wurden dann nochmals in je drei Stapel unterteilt, aus denen dann per Zufallsziehung je drei Artikel gezogen wurden. Dabei wurde darauf geachtet, daß auch Arti-

---

[16] Die SZ hat nur eine Wochenendausgabe. Die FAZ und Die Welt haben zwar Pendants, die sonntags erscheinen, diese sind jedoch von ihrer Struktur und Erscheinungsweise her eher den Sonntagszeitungen zuzurechnen (Meyn, 2001, S. 107). Daher wurde aus Gründen der Vergleichbarkeit der Zeitungen untereinander auf die Analyse der Sonntagsausgaben verzichtet. Deshalb hat die künstliche Woche hier nur sechs Tage.

46

kel über Ministerinnen sowie bebilderte Artikel in dieser Stichprobe enthalten waren.

4.4. Das Kategoriensystem

Die zentralen Punkte, die sich durch die Literatur zur Darstellung von Frauen in den Medien ziehen, sind die Abwesenheit von Frauen in vielen Bereichen der Berichterstattung und ihre Trivialisierung (Tuchman, 1978). Diese Punkte sollten auch methodisch im Meßinstrument umgesetzt werden.

Das Problem, das sich stellte, war die Entwicklung trennscharfer und exklusiver Kategorien, die auch im Untersuchungsmaterial vorkamen. Die Kategorien wurden sowohl theorie- als auch empiriegeleitet entworfen, um angelehnt an die Forschungsergebnisse zu der Darstellung von Politikerinnen in den Medien die Frage nach den Geschlechterrollen in der Presseberichterstattung beantworten zu können. Um eine differenzierte Betrachtung zu ermöglichen, wurde das Codebuch in zwei Ebenen aufgeteilt. Die erste Ebene ist die Beitragsebene und umfaßt die formalen Kategorien sowie die Themen und die in den Artikeln vorkommenden Handlungs- und Aussageträger mit der Beschreibung ihrer Initiative. Die zweite Ebene ist die Handlungs- und Aussageträgerebene. Sie umfaßt inhaltliche und Bildkategorien. So sollte ermöglicht werden, festzustellen, wo BundesministerInnen als zentrale Handelnde in Artikeln vorkommen. Auf dieser Ebene wurden ausschließlich BundesministerInnen in die Untersuchung einbezogen, alle anderen Personen oder Institutionen wurden ausgeklammert. Es interessiert hier nur noch, welche Merkmale die Darstellung von BundesministerInnen aufweist. So wurde außerdem ermöglicht, mehrere in einem Text vorkommende Bundesminister zu erfassen um ihre Darstellung vergleichen zu können.

Die erste Forschungsfrage nach den formalen Kriterien sollte anhand der formalen Kategorien auf Beitragsebene beantwortet werden. Hier standen der Umfang des Beitrags (Codebuch 2.9), die Plazierung (2.10) und die Stilformen (2.8), in denen Bundesministerinnen im Vergleich zu ihren männlichen Kollegen vorkommen, im Vordergrund. Die Dimension, die hinter diesen Kategorien steht, ist die Abwesenheit von Frauen in der Berichterstattung, und die Frage, ob der Umfang der Berichterstattung dem über männliche Bundesminister ähnelt.

Die zweite Forschungsfrage ist die nach dem Kontext, in dem weibliche Bundesminister dargestellt werden und ob sich hier Unterschiede zu ihren männlichen Kollegen ergeben. Die dahinter stehende Problemdimension ist die der Trivialisierung. Anhand der Aufteilung in Handlungsträger (3.2) und Aussageträger (3.4) sollte gewährleistet werden, daß nachvollziehbar ist, wo Frauen tatsächlich zu Wort kommen und wo sie lediglich Objekte der Berichterstattung sind. Handlungsträger sind Personen oder Institutionen, die zwar in der Berichterstattung vorkommen, aber nicht wörtlich oder sinngemäß zitiert werden. Aussageträger sind Personen oder Institutionen, die in der Berichterstattung vorkommen und wörtlich oder sinngemäß zitiert werden Es wurde nach einer Durchsicht des Untersuchungsmaterials eine Handlungs- und Aussageträgerliste erstellt, die vor allem die politische Struktur in Deutschland widerspiegeln sollte. Dabei wurden die einzelnen MinisterInnen von den Ministerien getrennt aufgeführt, damit ersichtlich werden konnte, wo die Minister selbst zu Wort kommen, oder lediglich ihre Sprecher oder die Ministerien an sich genannt werden. Auf der Ebene des Bundestages und des Bundesrates sowie der einzelnen Parteien wurde darauf verzichtet, die einzelnen Funktionsträger namentlich aufzulisten, da dies schon deshalb äußerst kompliziert gewesen wäre, weil viele der Posten regelmäßig neu besetzt wurden. Daher wurden die einzelnen Hierarchiestufen aufgelistet, wie Fraktionsführung und einzelne Mitglieder. Auf der Ebene der Experten wurden Experten der einzelnen Parteien oder Fraktionen in einer eigenen Rubrik zusammengefaßt, da diesen aufgrund ihres Fachwissens ein besonderes Gewicht zukommt.

Anhand der Nachrichtenthemen (3.1) sollte dann überprüft werden, in welchen Bereichen Frauen zitiert werden. Die Themenkomplexe wurden dabei so entworfen, daß zum einen politische Sachthemen, die an die einzelnen Ressorts angelehnt wurden, wie Innenpolitik oder Wirtschaftspolitik, reflektiert wurden. Dabei wurden einige in der Berichterstattung differenzierter aufgegriffene und häufig behandelte Unterthemen von größeren Komplexen getrennt aufgeführt. Ein Beispiel dafür ist die Asylpolitik, die von der Innenpolitik abgetrennt wurde, da sie sehr häufig in der Berichterstattung vorkam. Ebenso wurde mit der Frauen-, der Familien-, der Jugend- und der Seniorenpolitik verfahren, die zwar formell gesehen zum selben politischen Ressort gehören, aber getrennt behandelt wurden, um eine differenzierte Betrachtungsweise zu ermöglichen. Die Themenliste wurde nach einer ersten Durchsicht des Untersuchungsmaterials in verschiedene Themenbereiche aufgeteilt. Den ersten Bereich bilden die politischen Sachthemen, die bereits erläutert wurden. Den zweiten Themenkomplex bilden Parteiangelegenheiten, bei der die Bindung und Stellung eines Ministers innerhalb seiner Partei im Vordergrund steht. Als ein weiterer wichtiger Themenblock wurde die personalisierte Berichterstattung, also die Beiträge, die sich schwerpunktmäßig mit der Person von Ministern beschäftigten, identifiziert. Damit in Zusammenhang stehen Handlungen einzelner Minister, die in der Berichterstattung beleuchtet wurden, wie beispielsweise das Verhalten eines Ministers oder die politischen Entscheidungen, die in der Presse kritisch oder lobend betrachtet wurden. Die beiden letzten Themenblöcke sind Ereignisse und Veranstaltungen sowie Affären und Skandale. Insgesamt sollte hier die Frage beantwortet werden, ob Frauen eher in trivialeren Themenbereichen wie in Zusammenhang mit Festen oder Veranstaltungen vorkommen, oder eher in Verbindung mit ‚harten' politischen Sachthemen. Außerdem sollte überprüft werden, ob Frauen lediglich in Verbindung mit ihrem eigenen Fachbereich erwähnt werden, oder ob sie auch in anderen Fachbereichen zu Wort kommen.

Wichtig für die Beantwortung der zweiten Frage ist neben dem Themenkontext auch die jeweilige Konnotierung (4.12) der Minister. Frauen werden laut Sterr (1997) häufig in der Berichterstattung verkleinert, während Männer eher erhöht werden. Somit wurden die Ausprägungen der Kategorie Konnotierung so ausdifferenziert, daß hervorhebende und verkleinernde Konnotierungen erfaßt werden konnten. Daneben wurde eine Kategorie für pejorative, also beleidigende und abwertende Ausdrücke, eine Ausprägung für die keiner Seite zuordbaren Wortschöpfungen und eine Ausprägung mit der geschlechtsspezifischen Konnotierung eingeführt. Außerdem wurde noch die Frage nach der Thematisierung von privaten Details (4.9) aus dem Leben von BundesministerInnen gestellt, da Frauen laut Forschungsergebnissen (Cornelißen & Küsters, 1992, S. 136) öfter als Männer in einem traditionellen und eher privaten Kontext von Familie oder Ehe dargestellt werden.

Die dritte Forschungsfrage richtet sich auf die Thematisierung der äußeren Erscheinung, die ebenfalls ein Mittel der Trivialisierung sein kann. Wie in Kapitel 3.1.2 erörtert wurde, werden Frauen häufiger als Männer einem hohen Attraktivitätsdruck ausgesetzt (Mühlen Achs, 1993). Dieser Druck wird auch von Politikerinnen wahrgenommen (Volk, 1992, S. 49). Es stellt sich also die Frage, ob das Äußere von Ministerinnen auch in der seriösen Berichterstattung thematisiert wird (4.10). Dies kann einerseits im Text erfolgen, indem die äußere Erscheinung erwähnt wird, aber auch und vor allem in Bildern. Also wurden die beiden Kategorien Bildinhalt (4.14) und Art der Darstellung (4.15) eingeführt, um zu überprüfen, ob Frauen häufiger als Männer auf Bildern gezeigt werden und wieviel von ihrem Körper man sieht. Die Kategorie ‚Art der Darstellung' wurde in drei Ausprägungen unterteilt, nämlich ‚Nur Kopf', ‚Kopf und Oberkörper' und ‚Ganzer Körper'[17].Auch die Text-Bild-Schere (4.17) wurde so entwickelt, daß geprüft werden konnte, ob die im Bild gezeigten Handlungs- und Aussageträger mit denen im Text übereinstimmen, oder ob andere Handlungs- oder Aussageträger dominieren, die im Text keine dominante Rolle spielen. Hier interessiert auch, ob es viele Fälle gibt, in denen Bundesministerinnen abgebildet werden, die im Text lediglich als Randfiguren auftauchen. Denn dies könnte auch ein Hinweis darauf sein, daß Frauen aufgrund ihrer äußeren Erscheinung einen schöneren Bildinhalt darstellen, als Männer.

Die vierte Forschungsfrage richtet sich auf eventuell vorhandene traditionelle männliche und weibliche Eigenschaften. Da die traditionell männlichen und weiblichen Eigenschaften Gegensatzpaare sind, bot es sich an, einige zentrale Eigenschaften aus der Theorie zu identifizieren und in die Analyse einzubinden. Die drei zentralen Eigenschaften sind Rationalität, Emotionalität und Stärke (4.13), sowie Aktivität und Passivität (Mühlen Achs, 1993, S. 14). Diesen wurden nach Durchsicht des Materials Bedeutungshöfe zugeordnet. Ein anderer wichtiger Faktor, der zur Beantwortung der Frage beitragen kann ist, ob Personen im Text als aktiv oder passiv dargestellt werden, da Männern traditionell Aktivität und Frauen Passivität beigeordnet wird. Die Erfassung dieser Eigenschaften erfolgte zum einen anhand der Kategorie der Initiative der Handlungs- und Aussageträger (3.3 und 3.5), zum anderen anhand des Aktivitätsgrades in der bildlichen Darstellung (4.16) auf der Handlungs- und Aussageträgerebene.

Die fünfte Forschungsfrage bezüglich der Kompetenz von PolitikerInnen sollte anhand der Kategorien Thematisierung von Qualifikation (4.3), Lei-

---

[17] In der Studie von Archer, Iritani, Kimes und Barrios (1985) stellte sich heraus, daß Frauen auf Pressefotos häufig körperbetont und Männer eher gesichtsbetont dargestellt wurden.

50

stung (4.4), Erfolg (4.5) und Mißerfolg (4.7) und deren Begründung (4.6 und 4.8) beantwortet werden. Auch die Anredeformen (4.11) wurden zur Beantwortung der Frage herangezogen. Diese Kategorie wurde gestützt auf die Befunde von Sterr (1997) entwickelt, um herauszufinden, ob Frauen häufiger als Männer mit dem Vornamen oder mit der geschlechtsspezifischen Anrede als ‚Frau Bulmahn' anstatt mit dem korrekten Titel oder mit dem Nachnamen angesprochen werden. Die geschlechtsspezifische Anredeform dient häufig einer subtilen Herabsetzung von Politikerinnen und einer Reduzierung auf ihre weibliche Seite. Denn für wie fähig Frauen auf der politischen Bühne gehalten werden, wie ihre tägliche politische Arbeit bewertet wird und welche Begründungen für ihre Erfolge und Mißerfolge gegeben werden, kann ebenfalls ein Licht auf die Frage werfen, wie ernst sie genommen werden.

4.5. Durchführung der Untersuchung

Nachdem die Artikel von Microfilm kopiert waren und der erste Entwurf des Kategoriensystems fertiggestellt war, wurde der Pretest durchgeführt. Dieser erfolgte an 27 Artikeln, die aus dem Untersuchungsmaterial als nach dem Zeitverlauf geschichtete Stichprobe gezogen wurden. Dafür wurden zunächst die nach Medium und Erscheinungsdatum sortierten Artikel pro Untersuchungsjahr in drei Stapel geteilt, wobei jeder einzelne Stapel das Material von vier Monaten umfaßte. Dann wurden per Zufallsziehung aus jedem Stapel drei Artikel gezogen, wobei darauf geachtet wurde, daß auch Artikel über Ministerinnen in der Stichprobe enthalten waren.

Nach dem Pretest ergaben sich einige Änderungen am Kategoriensystem. Einerseits mußten einige Codieranweisungen präziser formuliert werden. Andererseits wurden bei einigen Kategorien Ausprägungen, die nur schwer auseinanderzuhalten waren, zusammengefaßt. Der Themenkatalog wurde erweitert, ebenso wie die Liste der Handlungs- und Aussageträger ergänzt wurde. Die Kategorie der ‚Initiative' der Handlungs- und Aussageträger wurde um mehrere Beispiele ergänzt. Auf der Ebene der inhaltlichen Kategorien auf Handlungs- und Aussageträgerebene wurden in den beiden Kategorien ‚Begründung für Erfolg' und ‚Begründung für Mißerfolg' die ursprünglich getrennten Kategorien ‚Charakter' und 'Psychische Verfassung' zusammengenommen, weil es in beiden Ausprägungen nur je eine Nennung gab. Die Ausprägung ‚Physische Verfassung', die der Vollständigkeit halber aufgenommen worden war, wurde aufgrund von null Nennungen ganz aus der Kategorie gestrichen. Auch in der Kategorie ‚Thematisierung Privates' gab es Änderungen. Hier wurden die Ausprägungen ‚Familie allgemein' und Familienstand, die zunächst getrennt geführt worden waren, zusammengefaßt. Ebenso wurde mit den Ausprägungen ‚Ehepartner/Lebenspartner' und ‚Liebesbeziehung' verfahren. In der Kategorie ‚Explizite Konnotierung im Text' wurden Ausprägungen zusammengefaßt und die Anzahl der Konnotierungen wurde von vorher acht auf vier Ausprägungen reduziert. Die Kategorie ‚Zuschreibung von männlichen und weiblichen Eigenschaften für Charakter, psychische Verfassung und Verhalten' wurde um einige Beispiele erweitert. Die Bildkategorien blieben unverändert.

Schließlich mußte noch festgestellt werden, ob das Meßinstrument die Gütekriterien der Validität und der Reliabilität erfüllte. Die Frage nach der Validität, also danach, ob das Meßinstrument tatsächlich das mißt, was es messen soll (Früh, 2001, S. 183) kann nur durch eine strikte Anlehnung an die Theorie beantwortet werden. Sie kann nur durch die sorgfältige Erstellung des Kategoriensystems sichergestellt werden, und indem beispielsweise schon vorhandene Untersuchungen als Grundlage benutzt werden (Brosius & Koschel, 2001, S. 182; Watzka & Eichhorn, 1993, S. 158). Die Validität ist empirisch nur schwer meßbar.

Um festzustellen, ob das Kategoriensystem präzise und verläßlich genug war, wurde ein Intra-Coder-Reliabilitätstest gemacht. Dieser wurde an 27 Artikeln durchgeführt, die zweimal im Abstand von sechs Wochen codiert wurden. Um auch hier wie bei dem vorangegangenen Pretest das Untersuchungsmaterial gut zu repräsentieren, wurde wieder eine geschichtete Stichprobe gezogen. Die nach Medium und Jahr sortierten Artikel wurden pro Jahr in drei Stapel aufgeteilt. Jeder Stapel umfaßte also das Material von vier Monaten. Dann wurden aus jedem Stapel per Zufallsziehung drei Artikel gezogen. Es wurde darauf geachtet, daß auch die weiblichen Minister vertreten waren und auch Artikel mit Bildern gezogen wurden. Dabei ergab sich nach der Formel, die Früh (2001) für den Reliabilitätstest empfiehlt[18] (S. 179) für die relativ ‚harten' formalen Kategorien auf Beitragsebene (2.1 bis 2.12) ein sehr guter Wert von 0.96. Als problematischer erwiesen sich dagegen die relativ ‚weichen' inhaltlichen Kategorien auf Bei-

---

[18] Hier wurde die Anzahl der übereinstimmenden Codierungen durch die Anzahl der gesamten Codierungen geteilt.

tragsebene (3.1 bis 3.5). Hier ergab sich ein Koeffizient von nur 0.78, was vor allem auf die große Vielzahl von Handlungs- und Aussageträgern, bei denen Mehrfachnennungen möglich waren, zurückzuführen ist[19]. Dies soll bei der Auswertung durch die Zusammenfassung der Handlungs- und Aussageträger in Gruppen (Politische Akteure, Männliche und Weibliche Minister, Nichtpolitische Akteure) wenigstens zum Teil aufgefangen werden. Für die eher ‚harten' inhaltlichen Kategorien auf Aussageträger- und Handlungsträgerebene (4.1 bis 4.17) ergab sich ein Wert von 0.94, was dadurch bedingt ist, daß in den Bildkategorien nur eine sehr kleine Anzahl von Bildern im Untersuchungsmaterial vorhanden war und sich schon bei einer einzigen abweichenden Codierung der Mittelwert für die Kategorie deutlich verschiebt. Insgesamt wurde der Wert für das Kategoriensystem bei 0.9 als ausreichend gut festgestellt, so daß mit der Codierung des gesamten Materials fortgefahren werden konnte. Nachdem die Artikel codiert waren, wurden die Codierergebnisse in SPSS 10.0 eingegeben, um die statistische Auswertung der Daten durchführen zu können.

---

[19] Aus forschungsökonomischen Gründen wurde auf die Einbeziehung aller vorkommenden Handlungs- und Aussageträger verzichtet und es wurden jeweils nur die drei am häufigsten genannten erfasst.

5. Ergebnisse der Inhaltsanalyse

Im folgenden sollen die Ergebnisse der Inhaltsanalyse dargestellt werden. Dabei orientiert sich der Aufbau an den Forschungsfragen. Um zu einer übersichtlicheren Darstellung beizutragen, wurden Tabellen in den Fließtext eingebaut. Wenn im folgenden von ‚Frauen' und ‚Männern' die Rede ist, verstehen sich darunter im Rahmen der vorliegenden Untersuchung weibliche und männliche Minister, wenn nicht ausdrücklich Frauen allgemein und Männer allgemein gemeint sind.

5.1. Formale Aspekte der Berichterstattung

Bevor auf die erste Forschungsfrage eingegangen wird, die sich auf formale Aspekte der Berichterstattung über Bundesministerinnen und Bundesminister richtet, soll zunächst ein kurzer allgemeiner Überblick über das Untersuchungsmaterial gegeben werden.

- Insgesamt wurden 314 Artikel aus drei überregionalen Tageszeitungen in die Analyse einbezogen. Davon stammen 35 Prozent aus der *Süddeutschen Zeitung (SZ)*, 30 Prozent aus der *Frankfurter Allgemeine Zeitung (FAZ)* und 35 Prozent aus *Die Welt*.

- Die Artikel stammen aus folgenden Zeitperioden: Aus dem ersten Untersuchungsjahr von Ende Oktober 1998 bis Ende Oktober 1999 wurden insgesamt 111 Artikel, also 35 Prozent aller Artikel, analysiert, aus dem zweiten Untersuchungsjahr insgesamt 83, also 26 Prozent und aus dem dritten Jahr von Ende Oktober 2000 bis Ende Oktober 2001 stammen 120 Artikel, also 38 Prozent.

- Nach Medien betrachtet entfallen auf die *SZ* 41 Artikel auf das erste, 29 auf das zweite und 39 auf das dritte Jahr. Auf die *FAZ* entfallen 34 Artikel im ersten, 21 im zweiten und 39 im dritten Jahr. Aus der *Welt* wurden im ersten Jahr 36, im zweiten Jahr 33 und im dritten Jahr 42 Artikel analysiert.

- Hinsichtlich der Quelle der Berichterstattung sind mit 57 Prozent die überwiegende Mehrheit redaktionelle oder eigene Beiträge, dicht gefolgt von Korrespondentenbeiträgen mit 23 Prozent und Nachrichtenagenturen mit 19 Prozent. Das restliche Prozent entfiel auf die Kategorie ‚Mehrere Quellen' und auf die Artikel, in denen keine Quelle genannt wurde.

- Bei den Stilformen hat der Bericht den größten Anteil mit 50 Prozent, gefolgt von Kommentaren und Glossen mit 19 Prozent, Nachrichten und Meldungen mit 16 Prozent und Reportagen, Features und Korrespondentenbeiträgen mit elf Prozent. Interviews kommen mit knapp drei Prozent nur sehr selten vor und sonstige bzw. nicht erkennbare Stilformen ebenfalls nur in knapp drei Prozent.

- Insgesamt sind nur 27 Prozent aller Artikel bebildert. Die Anzahl der Bilder reicht von einem Bild in 25 Prozent aller Artikel über zwei Bilder in nur noch drei Prozent bis hin zu drei und mehr Bildern in lediglich 0,3 Prozent der Artikel. Dabei bleibt der Anteil der Bilder am gesamten Artikel in 13 Prozent unter der Hälfte der Fläche des gesamten Artikels, in zehn Prozent unter einem Viertel des Artikels. Lediglich in vier Prozent der Beiträge sind die Bilder sehr groß und nehmen mehr als die Hälfte des Artikels ein.

5.1.1. Umfang der Berichterstattung

Als Problem der vorliegenden Untersuchung erwies sich die Häufigkeit der Nennungen der Minister nach Geschlecht. Die weiblichen Minister sind nämlich in der gesamten Berichterstattung auf der Aussage- und Handlungsträgerebene mit nur 25 Prozent im Gegensatz zu 75 Prozent stark unterrepräsentiert, was einen direkten Vergleich der Zahlen nach absoluten Merkmalsausprägungen erschwert. Da auch in der Realität weniger Frauen als Männer am Kabinettstisch sitzen – der durchschnittliche Anteil der weiblichen Minister liegt über den gesamten Zeitraum hinweg bei 36 Prozent – war dies zwar zu erwarten, wenn auch nicht in diesem Verhältnis. Dies kann durch die Art der Stichprobenziehung mitbedingt sein. Die Stichprobe wurde nämlich nicht nach Handlungsträgern, sondern nach Meßzeitpunkten gezogen. Das bedeutet, es sollte sichergestellt werden, daß aus allen untersuchten Medien für die selben Tage aus dem politischen Teil und dem Meinungsteil alle Artikel analysiert wurden, in deren Überschrift ein Bundesminister oder eine Bundesministerin erwähnt wurde. Denn es interessierte in erster Linie, wie häufig Frauen überhaupt in dem Zeitraum in der Berichterstattung vorkamen. Wie noch dargestellt wird, kamen alle weiblichen Minister als Aussage- oder Handlungsträgerinnen in der Berichterstattung vor, jedoch nicht mit der gleichen Häufigkeit wie die Männer.

Diese Unterrepräsentation ist der erste Befund der vorliegenden Untersuchung: über Bundesministerinnen wird also im Themenkreis der Politik nicht ihrem realen Anteil gemäß berichtet. Leider erschwert das nicht repräsentative Verhältnis von weiblichen und männlichen Ministern einen direkten Vergleich der Zahlen[20]. Darum sollen die Zahlen für weibliche und männliche Minister in einem ersten Schritt getrennt betrachtet werden und dann hinsichtlich ihres Verhältnisses zueinander verglichen werden, nicht jedoch hinsichtlich der absoluten Zahlenwerte.

Um Aussagen über den Umfang der Berichterstattung machen zu können, wurden zunächst auf Beitragsebene die am häufigsten genannten Handlungs- und Aussageträger bestimmt. Alle Ergebnisse werden sowohl für Handlungsträger wie auch für Aussageträger getrennt voneinander vorgestellt, um sehen zu können, wer zitiert wurde und wer lediglich passiv in der Berichterstattung vorkam. Die verschiedenen Personen und Institutionen wurden zunächst in Gruppen zusammengefaßt. Die erste Gruppe bilden politische Akteure, also alle Personen oder Institutionen aus der Politik mit Ausnahme der Bundesministerinnen. Darunter befinden sich die Bundesregierung sowie der Bundestag, Bundesrat und Parteien. Die zweite Gruppe sind männliche Minister, die dritte Gruppe weibliche Minister und die vierte Gruppe setzt sich aus nichtpolitischen Akteuren wie gesellschaftlichen Gruppen zusammen. In der letzten Gruppe werden die Personen und Institutionen zusammengefaßt, die nicht in die bereits genannten Gruppen eingeordnet werden konnten. Bei den Handlungsträgern, also den Personen und Institutionen, die im Gegensatz zu den Aussageträgern nicht in der Berichterstattung zitiert werden, wie auch bei den Aussageträgern, die zitiert werden, werden politische Akteure mit 38 Prozent aller Nennungen am häufigsten genannt. Bei den Handlungsträgern kommen die männlichen Minister mit 31 Prozent aller Nennungen am zweithäufigsten vor, bei den Aussageträgern hingegen die relativ große Gruppe der nichtpolitischen Akteure. Bei den Aussageträgern belegen die männlichen Minister mit 27 Prozent aller Nennungen ebenfalls Platz zwei. Die weiblichen Minister kommen in beiden Kategorien, sowohl bei den Handlungs- wie auch bei

---

[20] Hier wurde erwogen, die Zahlen zu gewichten. Diese Möglichkeit wurde allerdings wieder verworfen, da es ein Teil der vorliegenden Arbeit ist, die Situation in der Tagespresse so darzustellen, wie sie ist und nicht statistisch hochgerechnete Zahlen zu präsentieren. Außerdem sind nachträgliche Gewichtungen nicht ganz unproblematisch (Diekmann, 1995, S. 365-367).

Tabelle 1 : Häufigkeiten der Nennungen der einzelnen Bundesminister im Text

Handlungsträger (n = 265)[a]				Aussageträger (n = 236)[a]			
Rang	Name Minister	absolut	%	Rang	Name Minister	absolut	%
1	Joschka Fischer	42	15,8	1	Otto Schily	33	14,0
2	Otto Schily	27	10,2	2	Rudolf Scharping	26	11,0
2	Rudolf Scharping	27	10,2	3	Jürgen Trittin	24	10,2
3	Jürgen Trittin	26	9,8	4	Joschka Fischer	23	9,7
4	Hans Eichel	24	9,0	5	Andrea Fischer	22	9,3
5	Walter Riester	23	8,7	6	Hans Eichel	18	7,6
6	Andrea Fischer	20	7,5	7	Werner Müller	14	5,9
7	Oskar Lafontaine	18	6,8	7	Walter Riester	14	5,9
8	Werner Müller	11	4,2	8	Herta Däubler-Gmelin	13	5,5
9	Herta Däubler-Gmelin	7	2,6	8	Oskar Lafontaine	13	5,5
9	Renate Künast	7	2,6	9	Renate Künast	10	4,2
9	Ulla Schmidt	7	2,6	10	Ulla Schmidt	9	3,8
9	Franz Müntefering	7	2,6	11	Edelgard Bulmahn	8	3,4
10	Edelgard Bulmahn	6	2,3	12	Christine Bergmann	4	1,7
11	Heide. Wieczorek-Zeul	4	1,5	13	Heide. Wieczorek-Zeul	2	0,8
12	Christine Bergmann	3	1,1	14	Karl-Heinz Funke	1	0,4
12	Karl-Heinz Funke	3	1,1	14	Franz Müntefering	1	0,4
12	Reinhard Klimmt	3	1,1	14	Reinhard Klimmt	1	0,4
13	Kurt Bodewig	0	0,0	15	Kurt Bodewig	0	0,0
	Gesamt	265	99,7*		Gesamt	236	99,7*

* Rundungsfehler
[a] Summe aller Nennungen auf Beitragsebene in allen untersuchten Artikeln; übersteigt die
Gesamtzahl der Artikel, weil pro Beitrag bis zu 3 Aussage- und 3 Handlungsträger vercodet
werden konnten
(Mehrfachcodierungen).
Basis: 314 Artikel aus SZ, FAZ, Die Welt.

den Aussageträgern am seltensten vor einzelnen Gruppen, was sicherlich auch an der kleinen Anzahl von Personen in der Gruppe liegt. Sie sind allerdings als Aussageträgerinnen mit elf Prozent aller Nennungen etwas stärker vertreten als bei den Handlungsträgern, wo sie nur acht Prozent aller Nennungen auf sich vereinigen. Dies bedeutet, daß zwar Ministerinnen in der Berichterstattung unterrepräsentiert sind, aber dennoch häufiger zitiert werden, denn als bloße Objekte der Berichterstattung dienen.

In einem nächsten Schritt wurde erhoben, wie häufig die einzelnen Minister in der gesamten Berichterstattung als Handlungs- oder Aussageträger genannt werden. Bei den Aussageträgern liegen auf den ersten vier Plätzen Männer (siehe Tabelle 1). Auf Platz fünf kommt die erste Frau im Kabinett, Andrea Fischer, die im Januar 2001 zurückgetretene Gesundheitsministerin. Weitere Ministerinnen verteilen sich hinter ihr auf die mittleren und hinteren Plätze acht bis dreizehn. Bei den Handlungsträgern zeigt sich ein ähnliches Bild. Auch hier werden männliche Minister am häufigsten genannt, die Frauen kommen erst im Mittelfeld auf Platz sechs dazu. Auffällig ist die Übereinstimmung zwischen den Handlungs- und Aussageträgern auf den vorderen Rangplätzen. In beiden Kategorien sind es Minister mit einer sehr großen Machtfülle und wichtigen Ressorts, wie dem Außen-, dem Innen-, oder dem Verteidigungsministerium. Dies lässt vermuten, daß diese Minister aufgrund ihrer Machtfülle so wichtig genommen werden, und nicht aufgrund ihres Geschlechts. Die am häufigsten als Handlungsträgerin in der Berichterstattung vorkommende Frau ist die Ministerin Andrea Fischer. Die Tatsache, daß es die Gesundheitsministerin ist, die von allen Frauen im Kabinett am häufigsten in der Berichterstattung vorkommt, ist wohl einerseits auf die Gesundheitsreform zurückzuführen, die sie einleitete, sowie andererseits auf die BSE-Krise, für deren mißlungene Handhabung sie später die Verantwortung mit übernehmen mußte. Dies wird im nächsten Kapitel genauer beleuchtet.

Auf Platz neun bei den Handlungsträgern stehen mit gleicher Anzahl an Nennungen Herta Däubler-Gmelin und Renate Künast. Bedenkt man, daß Renate Künast erst im Januar 2001 als Ersatz für Karl-Heinz Funke ins Kabinett berufen wurde, der seit 1998 einen Ministerposten bekleidete und hier nur auf Platz 14 steht, dann ist dies ein gutes Ergebnis. Man könnte dies auch mit der Token-Theorie (Kanter Moss, 1977) erklären, wonach Frauen, die in klassische Männer-Ressorts vordringen, einer erhöhten Aufmerksamkeit unterliegen. Die BSE-Krise allein ist keine Erklärung dafür, denn bei einer Überprüfung der Häufigkeiten einzelner Themen stellte es sich heraus, daß dieses Thema nur fünfmal genannt wurde.

Eine Erklärung für die Dominanz der Minister auf den vorderen Plätzen ist die mit ihren Ressorts verbundene Macht. Man kann sich allerdings auch fragen, ob die offenbar geringe Wahrnehmung von Ministerinnen nicht auch daran liegt, daß sie keine so gut ausgeprägte Fähigkeit zur medialen Selbstdarstellung haben, wie ihre männlichen Kollegen. Dies ist ein Problem, das von Politikerinnen selbst als Vorteil für die Männer in der Politik und als Hemmnis für ihr berufliches Fortkommen kritisiert wird (Meyer, 1997, S. 348). Es scheint sich jedoch insgesamt ein Trend abzuzeichnen, vor allem über MinisterInnen in relativ mächtigen Posten zu berichten, während Ressorts mit weniger Macht und Einfluß auf die deutsche Politik, wie das Entwicklungshilfeministerium oder das Verkehrsministerium auch seltener in der Berichterstattung vorkommen. Frauen spielen aber insgesamt eine eher untergeordnete Rolle in der Berichterstattung, da sie abge-

58

sehen vom Justizministerium und dem Gesundheitsministerium eher unbe-
kannte Posten mit weniger Einflußmöglichkeiten besetzen.

Weibliche Minister machen in der gesamten Presseberichterstattung auf
Beitragsebene insgesamt nur acht Prozent der genannten Handlungsträger
und elf Prozent der genannten Aussageträger aus. Damit ist das Verhältnis
bei den Handlungsträgern von Männern und Frauen 4:1 und bei den Aussageträgern etwas besser mit 2,5:1. Dieser gravierende quantitative Unterschied ist bei der Auswertung der Zahlen zu berücksichtigen. Aber diese
Zahlen lassen bereits erkennen, daß Frauen häufiger als sprechende Subjekte, denn als stumme Objekte der Berichterstattung vorkommen.

Betrachtet man das Verhältnis von männlichen zu weiblichen Ministern
nach Zeitungen getrennt von einander, ergeben sich folgende Werte. Das
beste Verhältnis von männlichen zu weiblichen Ministern ergibt sich bei
der *FAZ*. Hier sind es bei den Handlungsträgern und bei den Aussageträgern jeweils 2,5:1. Das schlechteste Ergebnis erhält man bei der *Welt*. Diese berichtete in einem Verhältnis von nur 6,5:1 über männliche und weibliche Handlungsträger und 3:1 über männliche und weibliche Aussageträger.
Die *SZ* liegt im Mittelfeld und spiegelt das in der gesamten Berichterstattung herrschende Verhältnis zwischen Männern und Frauen mit 4:1 bei den
Handlungsträgern und 2,5:1 bei den Aussageträgern wider. Ein Grund dafür könnte die liberale bis sozialdemokratische Grundhaltung des Blattes
sein (Meyn, 2001, S. 105).

Man könnte aufgrund der Token-Theorie (Kanter Moss, 1977) annehmen,
daß die Frauen in der Regierung am Anfang der Wahlperiode, also im ersten Untersuchungsjahr, noch neu in ihrem Amt waren und daher höhere
Aufmerksamkeit in der Presse erhielten, als im dritten Untersuchungsjahr.
Dies ist jedoch nicht der Fall. Im ersten Untersuchungsjahr von Ende Oktober 1998 bis Ende Oktober 1999 ergibt sich bei den Aussageträgern für
die gesamte Berichterstattung ein Verhältnis von 3:1 zugunsten der männlichen Minister und bei den Handlungsträgern ein Wert von sogar nur 5,5:1.
Im dritten Untersuchungsjahr von Ende Oktober 2000 bis Ende Oktober
2001 sieht die Situation besser aus für die Frauen, denn hier verschiebt sich
das Verhältnis zu ihren Gunsten. Bei den Handlungsträgern liegt das Verhältnis von Männern zu Frauen bei 3:1, bei den Aussageträgern sogar bei
1,2:1, hier ist also fast der Gleichstand erreicht. Eine Erklärung dafür
könnte die Ablösung der Minister Funke und Fischer und die Ernennung

zweier neuer Ministerinnen, nämlich Renate Künast und Ulla Schmidt sein, die möglicherweise viel Aufmerksamkeit erhielten. Diese Vermutung wird durch den in Tabelle 1 vorgestellten Befund gestützt, der zeigt, daß wenigstens über Renate Künast relativ häufig berichtet wurde.

Tabelle 2 : Umfang der Berichterstattung (Aussageträger)

Umfang		Aussageträger (n = 631) [a]				
		Politische Akteure	Männliche Minister	Weibliche Minister	Nichtpolitische Akteure	Gesamt
0 bis 49 Zeilen	Anzahl	46	40	17	25	128
	%	18,3 %	23,8 %	25 %	17,5 %	20,3 %
50 bis 99 Zeilen	Anzahl	119	75	26	61	281
	%	47,2 %	44,6 %	38,2 %	42,7 %	44,5 %
100 bis 149 Zeilen	Anzahl	51	30	12	28	121
	%	20,2 %	17,9 %	17,6 %	19,6 %	19,2 %
150 und mehr Zeilen	Anzahl	36	23	13	29	101
	%	14,3 %	13,7 %	19,1 %	20,3 %	16 %
Gesamt	Anzahl	252	168	68	143	631
	%	100 %	100 %	100 %	100 %	100 %

[a] : Summe aller Nennungen auf Beitragsebene in den untersuchten
Artikeln; übersteigt die Gesamtzahl der Artikel, weil pro Beitrag bis
zu 3 Aussageträger vercodet werden konnten (
Mehrfachcodierungen)
Basis: 282 Artikel aus SZ, FAZ und Die Welt. 32 fehlen, in denen
kein Aussageträger vercodet wurde

Die zunächst metrisch erhobene Kategorie ‚Umfang des Beitrags' wurde bei der Auswertung in vier Gruppen unterteilt. Die erste Gruppe bilden Beiträge von unter 49 Spaltenzeilen Länge, die zweite Gruppe bilden Beiträge von 50 bis 99 Zeilen usw. Von der Anzahl der Nennungen her kommen sowohl männliche als auch weibliche Minister als Aussageträger in der gesamten Berichterstattung am häufigsten in Beiträgen mit 50 bis 99 Zeilen Länge vor (Tabelle 2). Wie man in der Tabelle sieht, kamen die Beiträge mit dieser Länge am häufigsten in der Stichprobe vor, so daß dieser Befund nicht überrascht. Am zweithäufigsten kommen sowohl Frauen als auch Männer in den sehr kurzen Beiträgen von einer Länge bis zu 49 Spaltenzeilen vor. Diese Gruppe bildet hinsichtlich ihres Umfanges die zweithäufigste Gruppe, also kann man hier noch keine geschlechtsspezifischen Unterschiede herauslesen. Was auffällt ist, daß weibliche Minister als Aussageträgerinnen im Verhältnis zu männlichen Ministern verhältnismäßig häufig in sehr langen Beiträgen mit 150 Spaltenzeilen und mehr vorkommen. Leider ist dies für sich allein noch kein positiver Befund, da erstens sehr lange Beiträge auch am seltensten in der Stichprobe vorkommen. Zweitens kommen, wie die Zahlen zeigen, in sehr langen Beiträgen auch andere Personen und Institutionen zu Wort kommen, so daß sich die

Aufmerksamkeit eines Lesers verteilt. Am seltensten kommen weibliche Minister dagegen in den Beiträgen von 100 bis 149 Zeilen Länge vor, die Männer dagegen in sehr langen Beiträgen von 150 und mehr Zeilen.

Als Handlungsträger kommen weibliche Minister am häufigsten in sehr kurzen Beiträgen vor, am seltensten in den Beiträgen mit 100 bis 149 Zeilen Länge. Die männlichen Minister dagegen treten als Handlungsträger am häufigsten in Beiträgen von 50 bis 99 Zeilen Länge auf, und am seltensten in Beiträgen mit 100 bis 149 Spaltenzeilen. Setzt man die Zahlen für Männer und Frauen zueinander in Beziehung, dann sieht man, daß die Zahlen bei den Beiträgen mit einer Länge von 50 bis 99 Zeilen deutlich auseinander gehen. Ist das Gesamtverhältnis von männlichen Handlungsträgern und weiblichen Handlungsträgern 4:1, so ist es in den Beitragslängen von 50 bis 99 Spaltenzeilen nur noch 5,5:1. Dagegen ist das Verhältnis bei den sehr langen und langen Beiträgen ab einer Länge von 100 Spaltenzeilen ausgewogen und entspricht in etwa dem Gesamtverhältnis von weiblichen zu männlichen Handlungsträgern. Eine Annäherung der Zahlen findet in den sehr kurzen Beiträgen bis 49 Zeilen statt, wo weibliche Minister im Verhältnis zu männlichen Kollegen häufig als Handlungsträgerinnen genannt werden.

Ein Problem ist, daß im Grunde genommen aus dem Umfang der Beiträge nicht viel abzulesen ist. Man kann lediglich vermuten, daß kürzere Beiträge weniger stark von den Lesern wahrgenommen werden, als längere, und außerdem in längeren Beiträgen die Möglichkeit zur öffentlichkeitswirksamen und umfassenden Selbstdarstellung besteht. Allerdings ist es fraglich, ob längere Beiträge auch wirklich bis zu ihrem Ende gelesen werden. Denn es ist möglich, daß viele Leser einen raschen Überblick über die Nachrichtenlage vorziehen und darum nur Kurzmeldungen lesen. In jedem Fall ist es nötig, weitere formale Merkmale wie die Plazierung zu beachten, die etwas aufschlußreicher sind.

Insgesamt kann man sagen, daß weibliche Minister nicht ihrem realen Anteil an der Politik entsprechend in der Berichterstattung vorkommen. Allerdings werden sie häufiger als erwartet als sprechende Subjekte in längeren Beiträgen zitiert, während Männer häufiger in kürzeren Beiträgen zu Wort kommen, die allerdings auch insgesamt häufiger vorkommen. Objekte der Berichterstattung sind Frauen im Verhältnis zu Männern ebenfalls eher in längeren Beiträgen, oder aber in sehr kurzen Beiträgen. Somit kann man eine vollständige Verbannung der Frauen in die symbolische Nichtexistenz im Sinne von Gaye Tuchman (1980) nicht feststellen, wenn auch das Verhältnis von weiblichen zu männlichen Ministern immer noch Männer begünstigt und Frauen unterrepräsentiert sind, wie auch Schmerl (1985) in ihrer Untersuchung bemerkte.

5.1.2. Stilformen und Plazierung

Die Ergebnisse über den Umfang der Berichterstattung über Ministerinnen auf Beitragsebene legen nahe, daß sie als Aussageträgerinnen in Stilformen vorkommen, die von ihrer Art her länger sind und Zitate ermöglichen, oder aber als Handlungsträgerinnen in sehr kurzen Stilformen. Das ist besonders bei Interviews und in Reportagen oder ähnlichen Stilformen der Fall. Diese Vermutung bestätigt sich, wenn man die Stilformen betrachtet, in denen Minister vorkommen.

Tabelle 3 : Aussageträger in Stilformen

Stilform		Aussageträger (n = 631) [a]				
		Politische Akteure	Männliche Minister	Weibliche Minister	Nichtpolitische Akteure	Gesamt
Nachricht / Meldung	Anzahl	30	28	5	11	74
	%	11,9 %	16,7 %	7,4 %	7,7 %	11,7 %
Bericht	Anzahl	160	97	41	94	392
	%	63,5 %	57,7 %	60,3 %	65,7 %	62,1 %
Reportage/ Feature/ Korrespondentenbeitrag	Anzahl	37	18	8	21	84
	%	14,7 %	10,7 %	11,8 %	14,7 %	13,3 %
Kommentar / Glosse	Anzahl	21	20	7	9	57
	%	8,3 %	11,9 %	10,3 %	6,3 %	9 %
Interview und sonstige Stilformen	Anzahl	4	5	7	8	24
	%	1,6 %	3,0 %	10,3 %	5,6 %	3,8 %
Gesamt	Anzahl	252	168	68	143	631
	%	100 %	100 %	100 %	100 %	100 %

[a] : Summe aller Nennungen von Aussageträgern in allen Artikeln; übersteigt die Gesamtzahl der Artikel weil pro Beitrag 3 Aussageträger vercodet werden konnten (Mehrfachcodierungen)
Basis: 282 Artikel aus SZ, FAZ und Die Welt. 32 fehlen, weil hier kein Aussageträger vercodet wurde.

Als Aussageträgerinnen kommen Frauen im Verhältnis zu Männern sehr selten in kurzen Stilformen wie Nachrichten und Meldungen vor, dafür aber überproportional häufig in Interviews[21], wo sie die Männer sogar hin-

---

[21] Im gesamten Datensatz sind acht Interviews und neun sonstige Stilformen enthalten. Frauen kamen insgesamt fünfmal in Interviews als Aussageträgerinnen vor, Männer nur dreimal.

sichtlich der absoluten Prozentzahl hinter sich lassen (Tabelle 3). Ähnliches fanden Cornelißen und Küsters (1992) heraus (S. 132). Das bedeutet, weiblichen Ministern wird ganz eindeutig mehr Platz für eine umfassende Eigendarstellung eingeräumt, als ihren männlichen Kollegen. Vielleicht ist dies eine Art von Entschädigung für das bereits dargelegte quantitative Verhältnis von Ministerinnen und Ministern, also eine Art von ‚Geschlechtsbonus‘. Was ebenfalls auffällt ist, daß weibliche Minister relativ selten als Aussageträger in sehr kurzen Stilformen wie Meldungen vorkommen. In allen anderen Stilformen zeigen sich kaum nennenswerte Unterschiede zwischen Männern und Frauen.

Auch als Handlungsträgerinnen kommen Frauen selten in Nachrichten und Meldungen vor, aber das Verhältnis zu den Männern entspricht dem Gesamtverhältnis von weiblichen und männlichen Ministern. Jedoch sieht man bei der Anzahl der weiblichen Minister, die in Berichten Handlungsträger sind, daß hier über verhältnismäßig wenige Frauen geschrieben wurde. Es wurde nur insgesamt 21 mal über weibliche Minister geschrieben, das Verhältnis von männlichen und weiblichen Handlungsträgern liegt hier mit 4,5:1 etwas unter dem Gesamtverhältnis von 4:1. Dabei sind Berichte aber die am häufigsten vorkommende Stilform in der vorliegenden Untersuchung, was die allgemeine quantitative Unterlegenheit der Frauen erklären kann. Demgegenüber wurden Ministerinnen relativ häufig in Reportagen und Features genannt und verhältnismäßig selten in den meinungsäußernden Stilformen wie Kommentaren und Glossen. Frauen werden also, zumindestens in der vorliegenden Untersuchung, etwas seltener als Männer von den Journalisten satirisch ‚aufs Korn genommen‘. Vielleicht läßt sich dies auch mit dem Geschlecht der jeweiligen Person erklären. Man könnte vermuten, daß die Journalisten es nicht wagen, Frauen allzu sehr zu karikieren, um sich nicht dem Vorwurf des Chauvinismus auszusetzen.

Bei dem Vergleich nach Plazierung der Beiträge (Tabelle 4) stellt man fest, daß weibliche Minister als Aussageträger vor allem in Beiträgen mit niedriger oder sehr niedriger Plazierung vorkommen, ebenso wie auch die männlichen Minister. Dies sind Beiträge wie Einspalter auf der Titelseite oder Ein- und Mehrspalter auf den Innenseiten. Das ist nicht überraschend, wenn man die Häufigkeiten der Beiträge in den verschiedenen Plazierungsformen betrachtet. Beiträge mit niedriger Plazierung kommen mit insgesamt 59 Prozent mit Abstand am häufigsten in der Untersuchung vor, ge-

Tabelle 4 : Platzierung der Beiträge (Aussageträger)

Platzierung		Aussageträger (n = 631)[a]				
		Politische Akteure	Männliche Minister	Weibliche Minister	Nichtpolitis che Akteure	Gesamt
sehr hohe Platzierung	Anzahl	17	18	4	13	52
	%	6,7 %	10,7 %	5,9 %	9,1 %	8,2 %
hohe Platzierung	Anzahl	30	25	6	15	76
	%	11,9 %	14,9 %	8,8 %	10,5 %	12,0 %
niedrige Platzierung	Anzahl	153	89	45	92	379
	%	60,7 %	53,0 %	66,2 %	64,3 %	60,1 %
sehr niedrige Platzierung	Anzahl	52	36	13	23	124
	%	20,6 %	21,4 %	19,1 %	16,1 %	19,7 %
Gesamt	Anzahl	252	168	68	143	631
	%	100 %	100 %	100 %	100 %	100 %

[a] : Summe aller Nennungen auf Beitragsebene in den untersuchten Artikeln; übersteigt die Gesamtzahl der Artikel, weil pro Beitrag bis zu 3 Aussageträger vercodet werden konnten (Mehrfachcodierungen). Basis: 282 Artikel aus SZ, FAZ und Die Welt. 32 fehlen, in denen kein Aussageträger vercodet wurde.

folgt von den Beiträgen mit sehr niedriger Plazierung mit 25 Prozent. Beiträge mit sehr hoher und hoher Plazierung waren dagegen mit zusammen nur 16 Prozent sehr selten in der Stichprobe vertreten.

Allerdings öffnet sich die Schere zwischen den Geschlechtern deutlich, wenn man die Beiträge mit sehr hoher und hoher Plazierung betrachtet. Darunter verstehen sich mehrspaltige Artikel auf der Titelseite der Zeitungen. In Beiträgen mit sehr hoher Plazierung kommen Frauen nur insgesamt vier mal als Aussageträgerinnen vor, während Männer 18 mal vorkommen. Selbst wenn man die Tatsache berücksichtigt, daß das Verhältnis von männlichen zu weiblichen Aussageträgern auf Beitragsebene 2,5:1 beträgt, wird deutlich, daß das Verhältnis hier mit 4,5:1 auseinander geht und Minister häufiger in Beiträgen auf der Titelseite vorkommen. Dies kann daran liegen, daß zwar rein theoretisch alle Minister die gleiche Chance haben müßten, in der Berichterstattung in jeglicher Plazierungsform vorzukommen, aber doch möglicherweise Statusunterschiede zwischen den Ministern gemacht werden, da die Frauen im Kabinett wie bereits erwähnt, weniger einflussreiche und nachrichtenträchtige Ressorts bekleiden. Somit wäre es nachvollziehbar, wenn Journalisten dem Innenminister Platz in einem Hauptaufmacher auf der Titelseite geben, wenn es um nationale Probleme wie die innere Sicherheit geht, und die Diskussion um den Entwicklungshilfe-Etat von Ministerin Wieczorek-Zeul in einem Einspalter auf Seite 6 landet. Es kann aber auch ein Hinweis darauf sein, daß Frauen an sich mit ihren Aussagen und Meinungen nicht so wichtig genommen werden, wie die Männer im Kabinett, und praktisch auf den hinteren Seiten versteckt werden. Dies könnte ein Hinweis auf eine sehr subtile Abwesenheit von Frauen in den besten Plazierungsformen (Tuchman, 1980) sein. Leider kann hier über die Gründe nur spekuliert werden, genaueres über die Absichten der Journalisten könnte nur eine gezielte Befragung ans Tageslicht bringen.

In den Beiträgen, wo weibliche Minister Handlungsträgerinnen sind, ist das Verhältnis hinsichtlich der Plazierung etwas ausgeglichener, immerhin kommen 17 Prozent aller weiblichen Minister in Beiträgen mit sehr hoher oder hoher Plazierung vor.

Wie bereits oben ausgeführt wurde, gibt es also Unterschiede hinsichtlich des Umfanges der Berichterstattung und der formalen Elemente. Diese sind jedoch nicht so gravierend, wie man hätte vermuten können. Hinsichtlich der bloßen Häufigkeitsverteilungen lassen sich oft die gleichen Muster bei Männern wie bei Frauen erkennen. Dies ist sowohl bei der Plazierung, wie auch bei den Stilformen und teilweise auch beim Umfang der Artikel der Fall, so daß hier nur das Verhältnis zwischen weiblichen und männlichen Ministern Aufschluß über Unterschiede geben kann. Diese Unterschiede gelten jedoch nur für die vorliegende Untersuchung. Die Zahlen sind leider nicht so eindeutig, daß man eine durchgängige Annihilierung von weiblichen Ministern feststellen könnte. Die Frauen im Kabinett kommen ja in der untersuchten Berichterstattung vor und werden zitiert. Bei den Aussageträgern ist das Verhältnis sogar fast dem in der Realität angeglichen. Allerdings werden sie nicht im selben Umfang behandelt, wie ihre männlichen Kabinettskollegen. Dieser Befund läßt sich auch nicht mit der bloßen zahlenmäßigen Unterlegenheit der Frauen im Kabinett erklären, da das Verhältnis zwischen Ministern und Ministerinnen in der Realität 2:1 beträgt und in der vorliegenden Untersuchung auf der Beitragsebene ein Verhältnis von 2,5:1 bei den Aussageträgern und 4:1 bei den Handlungsträgern herrscht. Damit wird in der vorliegenden Untersuchung die laut der Token-Theorie (Kanter Moss, 1977) herrschende erhöhte Aufmerksamkeit gegenüber Frauen in einem vormals von Männern beherrschten Bereich nicht bestätigt.

5.2. Kontext

Die nächste Frage richtete sich auf den Kontext, in dem über Ministerinnen und Minister berichtet wird. Die Frage ist, ob man hier Unterschiede erkennen kann, die sich mit dem Geschlecht der Person erklären lassen könnten. Um diese Frage zu beantworten, wurden zunächst die Themen untersucht, innerhalb derer über MinisterInnen geschrieben wurde. Dazu wurden die einzelnen Themen zu vier Dimensionen verdichtet. Die vier Dimensionen sind politische Sachthemen, personalisierte Berichterstattung, Ereignisse und Veranstaltungen, sowie Affären, Skandale und Krisen.

Es ist nicht überraschend, daß der Komplex der politischen Sachthemen die gesamte Berichterstattung dominiert. Er umfaßt alle politischen Themen von der Asylpolitik bis zur Wirtschaftspolitik, ebenso wie Parteiangelegenheiten, wie beispielsweise Parteitage oder die Postenverteilung innerhalb einer Partei. In insgesamt 93 Prozent aller Artikel wurde ein politisches Sachthema entweder als Haupt- oder als Nebenthema[22] codiert. In der Themendimension der personalisierten Berichterstattung sind zum einen die Artikel enthalten, bei denen ein Minister oder eine Ministerin und kein Sachthema Schwerpunkt der Berichterstattung war, zum anderen auch die Auseinandersetzung der Journalisten mit politischen Handlungen oder dem Verhalten einzelner Minister. Diese Themen wurden in 31 Prozent aller Beiträge als Haupt- oder Nebenthema genannt. Die dritte Dimension umfaßt Ereignisse und Veranstaltungen, in deren Rahmen über Ministerinnen berichtet wird, und Themen aus diesem Themenkreis wurden nur in drei Prozent aller Beiträge als Haupt- oder Nebenthema vercodet. Die vierte Themendimension bilden Affären, Skandale und Krisen, in die einzelne Kabinettsmitglieder verwickelt wurden. Diese kommen in sieben Prozent aller Beiträge als Haupt- oder Nebenthema vor. Am seltensten sind damit Artikel aus dem Themenbereich der Ereignisse und Veranstaltungen, was nicht überrascht, da ja im politischen Teil einer Tageszeitung nur selten über Veranstaltungen wie Feiern oder Vorträge berichtet wird, die meist unter der hier nicht untersuchten Rubrik ‚Vermischtes' zu finden sind. Über Affären und Krisen wurde etwas häufiger berichtet, da es Teil der journalistischen Arbeit ist, Skandale aufzudecken oder darüber zu schreiben. In den untersuchten Zeitraum fielen beispielsweise die Affäre um Scharpings Pri-

---

[22] In der Kategorie Nachrichtenthemen konnten bis zu zwei Themen vercodet werden (Mehrfachcodierungen).

vatflüge mit der Flugbereitschaft der Bundeswehr oder die BSE-Krise, die Andrea Fischer und Karl-Heinz Funke schließlich das Amt kostete.

Zunächst wurde untersucht, unter welchem Hauptthema die verschiedenen Handlungs- und Aussageträger genannt wurden. Die meisten Handlungsträger kamen im Themenbereich der politischen Sachthemen vor, dies gilt für alle auf Beitragsebene erhobenen Handlungsträger in der gesamten Berichterstattung (Tabelle 5). Am zweithäufigsten für alle Handlungsträger sind Nennungen im Themenkreis der personalisierten Berichterstattung, am seltensten sind – bis auf eine Ausnahme – die Nennungen zum Thema Ereignisse und Veranstaltungen. Diese Ausnahme bilden die weiblichen Minister, weil über sie am seltensten in Verbindung mit Affären und Skandalen und nicht in Verbindung mit Ereignissen und Veranstaltungen berichtet wurde. Die Ministerinnen wurden also nur insgesamt ein einziges Mal für die untersuchte Berichterstattung im Zusammenhang mit einem Skandal oder einer Krise genannt und zweimal in Zusammenhang mit einem Ereignis oder einer Veranstaltung. Wenn auch diese Zahlen zu gering sind, um Rückschlüsse auf die Grundgesamtheit zu ziehen, so ist es doch interessant, daß dieser Unterschied zwischen den weiblichen Ministern und dem gesamten übrigen Feld der Handlungsträger existiert. Wenn man dann noch in Betrachtung zieht, daß weibliche Minister als Handlungsträgerinnen die kleinste Gruppe innerhalb aller Handlungsträger ausmachen, dann ist es besonders auffällig, daß sie genauso häufig wie die größte Gruppe, die politischen Akteure, und die zweitgrößte Gruppe, die männlichen Minister, im relativ seichten Themenbereich der Veranstaltungen genannt wurden. Man könnte hier eine, wenn auch zahlenmäßig kaum bedeutsame aber dennoch wahrnehmbare Trivialisierung im Sinne Gaye Tuchmans (1980) feststellen. Gleichzeitig zeigt sich hier ein Trend in Richtung der Ergebnisse von Schmerl (1985), die für den gesamten redaktionellen Teil der Zeitung herausfand, daß über Frauen und Frauenthemen eher in Zusammenhang mit seichteren Themen wie Kultur und Unterhaltung berichtet wurde.

Bei den Aussageträgern zeigt sich ein sehr ähnliches Bild. Auch hier sind die politischen Sachthemen am häufigsten, gefolgt von der personalisierten Berichterstattung. Auch von der Verteilung der Aussageträger auf die einzelnen Themenkomplexe gibt es kaum Unterschiede zu den oben genannten Ergebnissen. Auch hier fällt auf, daß weibliche Minister relativ häufig im Rahmen von Veranstaltungen zu Wort kommen.

Tabelle 5 : Handlungsträger in verschiedenen Themenkreisen

Hauptthema		Handlungsträger (n = 690) [a]					
		Politische Akteure	Männliche Minister	Weibliche Minister	Nichtpolitische Akteure	Sonstige	Gesamt
politische Sachthemen	Anzahl	209	141	37	139	2	528
	%	80,1 %	66,8 %	68,5 %	85,8 %	100 %	76,5 %
personalisierte Berichte	Anzahl	40	51	14	10	0	115
	%	15,3 %	24,2 %	25,9 %	6,2 %	0,0 %	16,7 %
Ereignisse und Veranstaltungen	Anzahl	2	2	2	6	0	12
	%	0,8 %	0,9 %	3,7 %	3,7 %	0,0 %	1,7 %
Affären , Skandale , Krisen	Anzahl	10	17	1	7	0	35
	%	3,8 %	8,1 %	1,9 %	4,3 %	0,0 %	5,1 %
Gesamt	Anzahl	261	211	54	162	2	690
	%	100 %	100 %	100 %	100 %	100 %	100,0 %

[a] : Summe aller Nennungen auf Beitragsebene in den untersuchten Artikeln; übersteigt die Gesamtzahl der Artikel, weil pro Beitrag bis zu 3 Handlungsträger codiert werden konnten (Mehrfachcodierungen). Basis: 309 Artikel aus SZ, FAZ und Die Welt. 5 fehlen, weil hier kein Handlungsträger vercodet wurde.

Allerdings dominieren die politischen Sachthemen, da über 82 Prozent aller genannten weiblichen Minister in Artikeln mit einem politischen Thema als Schwerpunkt zitiert wurden, was als ein gutes Zeichen gewertet werden kann. Die Zahlen unterscheiden sich bei männlichen und weiblichen Ministern in diesem Punkt kaum voneinander. Auch hier wurden außerdem Männer häufiger im Rahmen von Krisen und Skandalen zitiert, nämlich knapp sechs Prozent der Minister. Dies fiel schon bei den Handlungsträgern auf, wo über acht Prozent der männlichen Minister und lediglich über zwei Prozent der weiblichen Minister im Themenkreis von Skandalen und Affären geschrieben wurde. Dies läßt den Schluß zu, daß im untersuchten Zeitraum die männlichen Minister offenbar häufiger in Skandale verwickelt waren, als die weiblichen. Bei der personalisierten Berichterstattung gab es dagegen keine nennenswerten Unterschiede, es wurde gleichermaßen über weibliche Minister und ihre Person oder ihr Verhalten wie über männliche Minister, ihr Verhalten und ihre Politik geschrieben.

Geht man noch eine Stufe weiter, und sieht sich die Themen etwas genauer nach dominanten (am häufigsten genannten) Handlungs- und Aussageträgern an, dann ergibt sich folgendes Bild. Über die Mehrheit sowohl bei den männlichen wie auch den weiblichen Ministern wurde im Themenkreis der politischen Themen berichtet, die Zahlen für Ministerinnen und Minister sind mit 63 bzw. 66 Prozent fast gleich hoch (Tabelle 6).

68

Tabelle 6 : Haupthandlungsträger in dominanten Themenbereichen

Hauptthema		Haupthandlungsträger				
		Politische Akteure	Männliche Minister	Weibliche Minister	Nichtpolitische Akteure	Gesamt
politische Sachthemen / Parteienpolitik	Anzahl	63	102	26	44	235
	%	96,9 %	65,8 %	63,4 %	91,7 %	76,1 %
personalisierte Themen	Anzahl	2	35	12	1	50
	%	3,1 %	22,6 %	29,3 %	2,1 %	16,2 %
Ereignisse / Veranstaltungen / Affären und Krisen	Anzahl	-	18	3	3	24
	%	-	11,6 %	7,3 %	6,3 %	7,8 %
Gesamt	Anzahl	65	155	41	48	309
	%	100 %	100 %	100 %	100 %	100 %

Chi^2 = 37,47; df = 6 ; p < 0,001
Basis: 309 Artikel aus SZ, FAZ und Die Welt. 5 fehlen, in denen kein Haupthandlungsträger vercodet wurde.

Der erste Unterschied ergibt sich, wenn man die Artikel betrachtet, die sich schwerpunktmäßig mit den Ministern selbst und ihrem Verhalten oder ihren politischen Entscheidungen beschäftigen. Denn hier wurde häufiger über weibliche als über männliche Minister berichtet. Über 29 Prozent aller weiblichen Minister sind bei diesem Themenkreis dominante Handlungsträger im Text, wohingegen es nur 23 Prozent der männlichen Ministern waren. Bei Themen mit Schwerpunkt auf Ereignissen, Affären und Krisen, die hier zusammengefaßt wurden, wurde häufiger über männliche Minister als Handlungsträger berichtet, als über weibliche Minister. Das Ergebnis des Chi-Quadrat Tests ist statistisch hochsignifikant, man kann also vermuten, daß die Variablen bei einer Irrtumswahrscheinlichkeit von weniger als einem Zehntelprozent voneinander abhängig sind. Man kann annehmen, daß mit hoher Wahrscheinlichkeit dieser Unterschied zwischen Ministerinnen und Ministern hinsichtlich der Themen für die Grundgesamtheit der Berichterstattung der untersuchten Zeitungen SZ, FAZ und Die Welt gilt. Ähnliches gilt auch für die Verteilung der Hauptaussageträger auf die drei Themenbereiche, wobei die zahlenmäßigen Unterschiede nicht so groß sind. Der einzige große Unterschied ist, daß bei personalisierten Themen nur sehr wenige Frauen zitiert werden, während es etwas mehr Männer sind. Auch diese Befunde sind statistisch hochsignifikant.

Zuletzt interessiert hier auch die Frage, ob Minister häufiger als ihre weiblichen Kollegen außerhalb von Themen, die ihr eigenes Ressort betreffen, zitiert werden oder in der Berichterstattung vorkommen. Da sich zwischen

den Hauptthemen und den Haupthandlungs- bzw. Aussageträgern ein statistischer Zusammenhang ergeben hat, scheint es lohnend, noch einen ge-
nauen Blick auf zwei Handlungs- und zwei Aussageträger zu werfen, die
von der Anzahl der Nennungen her vergleichbar sind. Es wurden die Themen der Artikel untersucht, in denen Andrea Fischer oder Oskar Lafontaine
Hauptaussageträger sind. Es zeigt sich deutlich, daß Andrea Fischer, die
häufiger als Lafontaine genannt wurde, nur elfmal in Artikeln mit politischen Themen vorkam, während Lafontaine insgesamt 14 mal vorkam.
Andrea Fischer wurde nur einmal in einem Artikel, dessen Thema nicht in
ihr Ressort fiel, nämlich der Arbeitsmarktpolitik, genannt. Lafontaine dagegen wurde drei mal bei Themen wie der Außenpolitik, der Familien-
oder Frauenpolitik genannt, die nichts mit der von ihm zu verantwortenden
Wirtschafts- oder Finanzpolitik zu tun haben.

Außerdem wurden die Artikel untersucht, in denen Herta Däubler-Gmelin
oder Walter Riester zitiert wurden. Arbeitsminister Walter Riester wurde
insgesamt häufiger zitiert als Justizministerin Herta Däubler-Gmelin. Er
äußerte sich jedoch nicht häufiger als seine Kabinettskollegin zu fachfrem-
den Themen wie der Gesundheitspolitik. Allerdings wurde Riester insgesamt dreizehnmal im Kontext von politischen Sachthemen zitiert, Däubler-
Gmelin dagegen nur neunmal. Wie bei Andrea Fischer, ist auch bei ihr die
Themenbreite geringer als bei Riester oder Lafontaine. Somit kann man
festhalten, daß sich zumindestens in den vier hier vorgestellten Fällen, die
Tendenz abzeichnet, Ministerinnen eher selten in der Berichterstattung zu
erwähnen, die sich mit Themen außerhalb ihres jeweiligen Ressorts befinden. Diese Beobachtung ist nur für das hier untersuchte Material zulässig
und es wäre eine weitere Überprüfung notwendig um wirklich stichhaltige
Aussagen machen zu können. Dies könnte darauf hindeuten, daß Frauen
von den Journalisten nicht ernst genug genommen werden, um sie auch außerhalb ihres eigenen Ressorts zu Wort kommen zu lassen oder über sie zu
berichten. Dieser Befund gilt nur im Rahmen der vorliegenden Untersuchung und hat keine Gültigkeit für die Grundgesamtheit. Doch wäre es interessant, diese Fragestellung in einem größeren Rahmen gesondert zu untersuchen.

Neben dem thematischen Kontext wurde auf der Ebene der Aussage- und
Handlungsträger untersucht, ob private Einzelheiten aus dem Leben der
Minister in der Berichterstattung erwähnt werden und sie in einen privaten

Kontext dargestellt werden. Wenn man den Befunden anderer Untersuchungen folgt, könnte man erwarten, daß Frauen häufiger als Männer in einem privaten und damit eher trivialen Kontext eingebettet werden (Cornelißen & Küsters, 1992, S. 133, 136; Huhnke, 1996, S. 210-214; Prenner, 1995, S. 169-170). Das bedeutet, daß bei den weiblichen Ministern demnach häufig die Familie oder der Ehemann thematisiert werden müßten. Dies kann in der vorliegenden Untersuchung nicht eindeutig bestätigt werden, weil dazu die Zahlen zu klein sind. Es zeichnet sich jedoch ein zwar schwacher, aber in der Stichprobe bemerkbarer Trend heraus, Frauen im Kontext ihrer Familie und Kinder darzustellen, Männer dagegen in Verbindung mit ihren Ehefrauen oder Lebensgefährtinnen.

Insgesamt wurde nur bei gut sechs Prozent aller weiblichen Aussageträger und Handlungsträger das Privatleben thematisiert, bei den männlichen Ministern waren es sieben Prozent, deren Privatleben in der Berichterstattung erwähnt wurde. Bei Frauen wie Männern gleichermaßen wurden am häufigsten die Gewohnheiten und Vorlieben thematisiert. Allerdings wurde bei den männlichen Ministern von allen anderen Möglichkeiten nur eine, nämlich die Ehefrau oder Lebensgefährtin, thematisiert. Unterschiede ergeben sich bei den restlichen privaten Einzelheiten. Bei den weiblichen Ministern wurde nämlich die Ehe oder der Lebenspartner gar nicht behandelt, wohl aber die Familie und die Kinder. So wurde beispielsweise erwähnt, daß Christine Bergmann, die Familien- und Frauenministerin, Mutter zweier Kinder ist. Da jedoch die Zahlen der Nennungen verschwindend klein sind, können keine Aussagen für die Grundgesamtheit gemacht werden. Dieses völlige Fehlen der Thematisierung von Ehepartner oder Lebenspartner, die MinisterInnen, ebenso wie Kinder, in der Realität durchaus haben, ist sehr interessant, zumal die traditionelle weibliche Geschlechterrolle die Rolle der Ehefrau und Mutter beinhaltet. Anhand der Thematisierung von Kindern und Familie könnte man auf das Vorhandensein der traditionellen Mutterrolle in der untersuchten Berichterstattung schließen, man müßte dies allerdings an einer erheblich größeren Menge von Artikeln nochmals untersuchen, um signifikante Ergebnisse zu erhalten. Der Befund wird dadurch unterstrichen, daß Familie und Kinder bei den Männern im Kabinett in keinem einzigen Fall erwähnt werden, obwohl sie die zahlenmäßige Mehrheit stellen.

Nun ein Blick auf die explizite Konnotierung im Text. Laut der Befunde von Sterr (1997) werden Frauen häufig in der Berichterstattung verkleinert, während Männer eher erhöht werden. Es wurde in der vorliegenden Untersuchung versucht, dies mittels der Konnotierung im Text deutlich zu machen.

Tabelle 7 : Konnotierung von Bundesministern

Konnotierung		Geschlecht: weiblich (n = 94)	Geschlecht: männlich (n = 286)	Gesamt
Kommt nicht vor	Anzahl	82	234	316
	%	87,2 %	81,8 %	83,2 %
Verkleinernde, pejorative und geschlechtsspezifische Konn.	Anzahl	9	24	33
	%	9,6 %	8,4 %	8,7 %
Hervorhebende Ausdrücke, Wortschöpfungen, Sonstige	Anzahl	3	28	31
	%	3,2 %	9,8 %	8,2 %
Gesamt	Anzahl	94	286	380
	%	100 %	100 %	100 %

$Chi^2 = 4{,}14$; df = 2 ; n.s. (nicht signifikant)
Basis : 380 Aussage- und Handlungsträger aus 314 Artikeln aus SZ, FAZ, Die Welt.

Dabei ergab sich, daß in den Fällen, wo Konnotierungen gebraucht wurden, eindeutig die Mehrheit der weiblichen Minister mit verkleinernden, pejorativen oder geschlechtsspezifischen Ausdrücken belegt werden (Tabelle 7). Es werden auffällig wenige Ministerinnen mit hervorhebenden und anderen eher neutralen Ausdrücken benannt. So wurde Ministerin Heidemarie Wieczorek-Zeul zu ‚Heidi' Wieczorek-Zeul, und Bundesgesundheitsministerin Ulla Schmidt wurde zur ‚Assistentin' eines männlichen Kollegen degradiert. Dagegen werden nur etwa 3 Prozent der Frauen im Kabinett mit hervorhebenden oder neutralen Ausdrücken bezeichnet. Eine dieser Ministerinnen ist Herta Däubler-Gmelin, die von einem Journalisten ‚Justitia' genannt wurde. Bei den männlichen Ministern dagegen wird die Mehrheit mit hervorhebenden Ausdrücken wie ‚Parteigeneral' oder eher neutralen Wortschöpfungen wie ‚Marathonmann' konnotiert. Allerdings ist der Anteil der Männer, die mit verkleinernden oder pejorativen Ausdrücken versehen wurden, mit acht Prozent nicht viel geringer. Leider war dieser Befund statistisch nicht signifikant, man kann also nicht von einem Zusammenhang zwischen den Variablen ‚Geschlecht' und ‚Konnotierung' ausgehen und dieser Befund gilt mit hoher Wahrscheinlichkeit nicht für die Grundgesamtheit der Berichterstattung.

Betrachtet man sehr differenziert die Häufigkeiten der einzelnen Ausprägungen, dann wird klar, daß die pejorativen, also ausdrücklich beleidigenden Ausdrücke, fast ausschließlich den männlichen Kabinettsmitgliedern vorbehalten waren. Frauen wurden nur in zwei Fällen mit einem offen beleidigenden Ausdruck versehen. Der Grund für diesen Unterschied könnte sein, daß Journalisten in der seriösen Politikberichterstattung Frauen weder durch die Zitate Dritter im Text noch durch eigene Äußerungen direkt beleidigen wollen, weil sie sich damit dem Vorwurf des Chauvinismus aussetzen würden. Auch wenn Frauen sehr selten in der Berichterstattung offen beleidigt werden, so sind doch die vorhandenen geschlechtsspezifischen Ausdrücke wiederum ohne Ausnahme den weiblichen Kabinettsmitgliedern vorbehalten. So wurde Ulla Schmidt einmal als ‚Dame' bezeichnet, die ihr politisches Handwerk nicht beherrsche. Es liegt nahe, daß derartige Ausdrücke häufig ironisierend gebraucht werden, um Frauen abzuwerten.

Es zeigt sich also deutlich, daß Frauen nur sehr selten erhöht werden, indem man sie im Kontext ihrer positiven Eigenschaften und Stärken darstellt, während dies bei Männern sehr wohl der Fall zu sein scheint. Frauen werden also zwar nicht offen beleidigt oder abgewertet, jedenfalls nicht häufiger als die Männer. Aber ihre positiven Eigenschaften werden auch kaum herausgestellt und sie werden mit geschlechtsspezifischen Konnotationen auf eine sehr subtile Art trivialisiert. Somit bestätigt sich für die vorliegende Untersuchung der Befund von Sterr (1997), was die Trivialisierung von Frauen durch Verkleinerung betrifft.

Abschließend läßt sich zur zweiten Forschungsfrage sagen, daß es zwischen Ministerinnen und Ministern was den Kontext angeht, in dem über sie berichtet wird, auf Beitragsebene in der gesamten Berichterstattung nur wenige und in absoluten Zahlen ausgedrückt zum Teil sehr geringe Unterschiede gibt. Es zeigen sich beim thematischen Kontext für die gesamte Berichterstattung die gleichen Muster für Männer und Frauen. Es ist zu bemerken ist, daß über beide Geschlechter am häufigsten in einem sachlichen politischen Kontext berichtet wird. Auch beschäftigten sich die Journalisten nicht häufiger mit dem Verhalten oder den individuellen politischen Entscheidungen von Ministerinnen als mit dem von Ministern. Daß allerdings Frauen signifikant häufiger als Männer im Rahmen von Ereignissen und Veranstaltungen zitiert werden oder vorkommen, könnte ein Hinweis auf eine subtile Trivialisierung sein. Die Annahme der Trivialisierung wird durch die genaue Betrachtung der einzelnen Themen bei ausgewählten Handlungs- und Aussageträgern gestützt, die zeigt, daß weibliche Minister seltener als ihre männlichen Kollegen in Artikeln mit den Themen vorkamen, die außerhalb ihrer Zuständigkeit liegen und ihnen damit indirekt eine Art ‚Generalistentum' abgesprochen wird. Auch die Konnotierung im Text legt die sprachliche Verkleinerung von Frauen nahe. Hinsichtlich der Thematisierung des Privatlebens gibt es zwar unterschiedliche Muster bei Ministerinnen und Ministern, aber hier konnte nicht belegt werden, daß ausschließlich Frauen in einem privaten Kontext dargestellt werden. Somit gibt es zwar Hinweise auf eine Trivialisierung von Ministerinnen, aber die vorhandenen Unterschiede sind insgesamt nicht groß genug, um auf eine eindeutige Trivialisierung von Frauen schließen zu können. Dies müßte in einem größeren Untersuchungsrahmen erfolgen.

5.3. Die Darstellung der äußeren Erscheinung und der Physis

Die dritte Forschungsfrage galt der äußeren Erscheinung und der Physis. Werden diese in der Berichterstattung über Ministerinnen in stärkerem Ausmaß thematisiert als in der über Minister? Folgt man der Theorie des Attraktivitätsdruckes, dem Frauen ausgesetzt sind (Mühlen Achs, 1993), sowie den Aussagen von einzelnen Politikerinnen (Volk, 1992, S. 49), dann müßte das Äußere bei den weiblichen Ministern häufiger thematisiert werden als bei den männlichen Ministern.

5.3.1. Die Darstellung im Text

Anhand der Kategorie der ‚Thematisierung des Äußeren' sollte zunächst einmal auf der Ebene der Aussage- und Handlungsträger ermittelt werden, ob das Äußere im Text vorkommt und ob es dabei Unterschiede zwischen den weiblichen und männlichen Bundesministern gibt. Die Vermutung ist, daß bei weiblichen Ministerin das Äußere häufiger erwähnt wird, als bei männlichen Ministern. Es zeigt sich schon anhand der Häufigkeit der Nennungen, daß insgesamt nur bei 21 von insgesamt 380 Aussage- und Handlungsträgern das Äußere und die Physis von Ministern in irgendeiner Form genannt wurden. Hier wurde zugunsten einer differenzierteren Darstellung auf einen Signifikanztest verzichtet.

Folgt man der Theorie über den Attraktivitätsdruck, der auf Frauen allgemein lastet (Mühlen Achs, 1993), dann wäre zu erwarten, daß die äußere Erscheinung, die körperlichen Attribute und die Kleidung von Ministerinnen häufiger thematisiert werden, als bei den Ministern. Soweit man dies an den wenigen Nennungen überhaupt beurteilen kann, ist dies nur hinsichtlich der Thematisierung des allgemeinen Aussehens der Fall, welches bei Frauen und Männern trotz der unterschiedlichen Relationen gleich häufig im Text vorkam. Weder die Frisur noch der Körperbau werden bei den Ministerinnen erwähnt, sondern ausschließlich bei ihren männlichen Kollegen. Besonders auffällig ist die häufige Erwähnung des Gesichts der Minister, das bei den Männern zehnmal häufiger thematisiert wurde, als bei Frauen. Dieses Ergebnis läßt sich auch nicht mit der Tatsache erklären, daß die Männer in der vorliegenden Untersuchung überrepräsentiert sind, da das Verhältnis von Männern zu Frauen auf der Ebene der Aussage- und Handlungsträger 3:1 beträgt. Es scheint also tatsächlich so zu sein, daß Frauen kein Monopol auf Äußerlichkeiten mehr haben. Man könnte dies erstens damit erklären, daß in den Politikressorts der Tageszeitungen – wie bereits erläutert wurde – überwiegend männliche Journalisten arbeiten, die sich möglicherweise nicht dem Verdacht des Chauvinismus aussetzen wollen, oder die sich nicht mit Nebensächlichkeiten befassen wollen. Auch hier könnte man, wenigstens was die vorliegende Untersuchung angeht, von einem leichten ‚Geschlechtsbonus' für die Frauen sprechen.

Insgesamt kann man hier festhalten, daß eine Benachteiligung und Trivialisierung von Ministerinnen mit Hilfe der Thematisierung ihrer äußeren Erscheinung im Text zumindestens in der vorliegenden Untersuchung nicht festgestellt werden konnte. Im Gegenteil: die männlichen Kollegen sind diejenigen, deren Physis oder Kleidung in der Berichterstattung verhältnismäßig oft Erwähnung fand. Allerdings wäre ein anderes Ergebnis für die seriöse politische Berichterstattung sehr überraschend gewesen. Denn auch wenn immer wieder in Glossen oder Reportagen Äußerlichkeiten auf eine polemische Art thematisiert werden, so muß doch der Schwerpunkt auf der sachlichen Berichterstattung liegen.

5.3.2. Die Darstellung im Bild

Die direkte Thematisierung von äußerer Erscheinung und Physis ist also insgesamt sehr selten in der Berichterstattung. Das Äußere kann jedoch auch auf eine andere Weise, die auf den ersten Blick nicht so klar wahrgenommen wird, thematisiert werden, nämlich auf Pressebildern. Darum wurden in der vorliegenden Untersuchung auf Aussage- und Handlungsträgerebene auch Photographien und Zeichnungen in die Analyse einbezogen, um daraus Erkenntnisse über die Darstellung der einzelnen Ministerinnen und Minister gewinnen zu können.

Auf der Beitragsebene wurde zunächst gefiltert, ob überhaupt Bilder in dem jeweiligen Artikel vorhanden waren. Wenn dies der Fall war, wurde auf der Ebene der Aussage- und Handlungsträger in einem nächsten Schritt danach gefragt, ob der jeweilige Aussage- oder Handlungsträger überhaupt abgebildet war oder nicht. Man könnte aufgrund der oben genannten Theorie annehmen, daß das Äußere von Frauen interessanter ist und sie daher häufiger auf Bildern zu sehen sind, als Männer. Diese Annahme bestätigt sich, da weibliche Minister überproportional häufig auf vorhandenen Zeitungsbildern abgebildet sind.

Tabelle 8 : Bildinhalt

		Geschlecht		
Bildinhalt		weiblich	männlich	Gesamt
codierter Handlungsträger nicht abgebildet	Anzahl	4	25	29
	%	13,3 %	32,9 %	27,4 %
codierter Handlungsträger ist abgebildet	Anzahl	26	51	77
	%	86,7 %	67,1%	72,6 %
Gesamt	Anzahl	30	76	106
	%	100 %	100 %	100 %

$Chi^2 = 4,14$; df = 1 ; p < 0.05
Basis : 106 Aussage- und Handlungsträger in bebilderten Artikeln.

Das Verhältnis zu ihren männlichen Kollegen ist hier 1:2 während sie insgesamt auf der Handlungsträgerebene nur in einem Verhältnis von 1:3 vertreten sind (Tabelle 8). Betrachtet man dagegen die Anzahl von Bildern, auf denen Ministerinnen nicht abgebildet waren, dann fällt im Gegenzug auf, daß das Verhältnis zu ihren männlichen Kollegen 1:6 beträgt, daß also männliche Minister sechsmal so häufig nicht abgebildet waren. Das Ergebnis des Signifikanztests läßt darauf schließen, daß zwischen den beiden Variablen bei einer geringen Irrtumswahrscheinlichkeit von 5 Prozent ein stochastisches Abhängigkeitsverhältnis besteht und mit hoher Wahrscheinlichkeit dieser Unterschied zwischen Männern und Frauen hinsichtlich der

Darstellung auf Bildern auch für die Grundgesamtheit der Berichterstattung gilt. Dieser Befund kann ein erster Hinweis darauf sein, daß Frauen aufgrund ihres Aussehens für eine bildliche Darstellung eher geeignet sind als Männer, was wiederum ein Indiz für eine subtile Thematisierung von Äußerlichkeiten sein kann.

Im nächsten Schritt soll nun ein Blick auf die Art der Darstellung geworfen werden. Dabei interessiert, wieviel vom Körper der Aussage- und Handlungsträger gezeigt wird. Es wird vermutet, daß Frauen eher körperbetont und Männer dagegen gesichtsbetont dargestellt werden. Dies zeigte die Studie von Archer et al. (1985) zu Frauen auf Pressefotos. Auch Küchenhoff (1975) stellte fest, daß Frauen allgemein häufig auf ihre dekorative Funktion reduziert wurden (S. 249). Es zeigt sich jedoch, daß bei Ministern genauso wie Ministerinnen am häufigsten das Gesicht und der Oberkörper abgebildet werden. Am zweithäufigsten wird bei beiden Geschlechtern der Kopf, bzw. das Gesicht dargestellt. Zieht man das Verhältnis zwischen weiblichen und männlichen Aussage- und Handlungsträgern in Betracht, dann wird deutlich, daß gemessen am Anteil der weiblichen Aussage- und Handlungsträger an der Untersuchung die Paßfotodarstellung des Kopfes bzw. Gesichts häufig vorkommt (Tabelle 9). Die Darstellung des ganzen Körpers hingegen ist sehr selten. So wurden nur eine Frau und acht Männer so dargestellt, was bedeutet, daß die oben genannte Vermutung nicht bestätigt wird.

Tabelle 9 : Art der Darstellung von Ministern auf Bildern

Art der Darstellung		Geschlecht		
		weiblich	männlich	Gesamt
nur Kopf	Anzahl	11	16	27
	%	42,3 %	31,4 %	35,1 %
Kopf und Oberkörper	Anzahl	14	27	41
	%	53,8 %	52,9 %	53,2 %
Ganzer Körper	Anzahl	1	8	9
	%	3,8 %	15,7 %	11,7 %
Gesamt	Anzahl	26	51	77
	%	100 %	100 %	100 %

$Chi^2 = 2,65$; df = 2 ; n.s. (nicht signifikant)
Basis : 77 auf Bildern dargestellte Aussage- und Handlungsträger.

Der Signifikanztest zeigt hier keinen Zusammenhang zwischen den beiden Variablen auf. Man kann daher von den eben vorgestellten Ergebnissen nicht auf die Grundgesamtheit der Berichterstattung schließen. Die Befunde von Archer et al. (1985) können also in der vorliegenden Untersuchung nicht bestätigt werden. Auf der Grundlage der Befunde von Archer et al. (1985) kann man jedoch darüber spekulieren, was diese Art der Darstellung von Frauen bedeutet. Das Forscherteam fand nämlich heraus, daß Fotos mit hoher Gesichtsbetonung mehr positive Bewertungen hinsichtlich ihres Ehrgeizes, ihrer Intelligenz und ihrer äußeren Erscheinung erhielten (S. 71). Man könnte also vermuten, daß die gesichtsbetonte Darstellung von Frauen auch eine positivere Bewertung hinsichtlich der genannten Eigenschaften nach sich ziehen müßte, auch wenn dies in der vorliegenden Arbeit nicht Gegenstand des Forschungsinteresses ist. Die Tatsache, daß Männer zumindestens in den hier untersuchten Zeitungen häufiger körperbetont dargestellt werden, als Frauen, ist auf jeden Fall interessant, weil es, wenn man die Befunde von Archer et al. (1985) zugrunde legt, dann auch bedeuten müßte, daß Männer aufgrund einer körperbetonten Darstellung weniger ehrgeizig, intelligent und gutaussehend bewertet werden.

In der vorliegenden Untersuchung wurde mit Hilfe der Text-Bild-Schere gemessen, ob die abgebildeten Handlungs- und Aussageträger mit den im Text dominanten Aussage- und Handlungsträgern übereinstimmen. Denn wenn Frauen tatsächlich nur aufgrund ihrer äußeren Erscheinung und nicht ihrer Wichtigkeit im Text abgebildet werden, dann müßte hier nur eine geringe Übereinstimmung zwischen dominanten und abgebildeten Aussageträgern vorhanden sein. Allerdings zeigt sich, daß dies nicht so ist. In der überwiegenden Mehrheit aller Fälle, nämlich 82 Prozent aller Abbildungen, besteht eine starke Übereinstimmung zwischen den dominanten Aussage- und Handlungsträgern in Text und Bild. Bei den weiblichen Ministern sind es sogar 88 Prozent der Abbildungen, auf denen Frauen zu sehen sind, während es bei den männlichen Ministern nur 79 Prozent sind. Keine Übereinstimmung besteht nur in einem Fall bei einem männlichen Handlungs- oder Aussageträger. Bei den schwachen Übereinstimmungen ist das Verhältnis bei einer niedrigen Anzahl von Fällen, insgesamt 17 Prozent, ausgewogen[23]. Man kann daran ablesen, daß Frauen trotz einer relativ häufigen Präsenz auf Bildern nicht als nett anzuschauende aber im Text unter-

---

[23] Hier war aufgrund zu kleiner Fallzahlen kein Signifikanztest möglich.

geordnete ‚Aushängeschilder' mißbraucht werden, da sie hauptsächlich
dann abgebildet wurden, wenn sie auch im Text eine dominante Rolle
spielen.

Insgesamt könnte man also zusammenfassend sagen, daß die äußere Erscheinung im Text direkt so gut wie keine Rolle für die politische Berichterstattung spielt. Aufgrund der zu geringen Fallzahlen kann man kaum
Unterschiede zwischen Männern und Frauen herauslesen. Es konnten nur
sehr geringe Unterschiede zwischen Frauen und Männern festgestellt werden, keinesfalls ist es aber so, daß das Äußere bei Frauen eher thematisiert
wird, als bei Männern. Es ist jedoch auffällig, daß Frauen in der Stichprobe
proportional gesehen häufiger auf Bildern abgebildet waren, als Männer,
obwohl sie ja in der Untersuchung unterrepräsentiert sind. Ein interessanter
Befund hinsichtlich der Art der Darstellung ist, daß Frauen häufiger als
Männer nur mit ihrem Kopf bzw. Gesicht abgebildet werden. Der Körper
wird also kaum betont. Auch die Tatsache, daß die äußere Erscheinung und
besonders die Kleidung von Ministern häufiger als man erwarten konnte,
thematisiert wurden, läßt darauf schließen, daß die äußere Erscheinung bei
Männern zunehmend wichtiger wird und der eingangs beschriebene und
ursprünglich auf Frauen beschränkte Attraktivitätsdruck sich auch auf
Männer ausweitet. Dies ist sicherlich zum einen ein Ergebnis der Emanzipation, zum anderen eine Konsequenz aus der zunehmenden Bedeutung der
Medien und einer guten medialen Darstellung in der Politik. Auch wenn
die meisten der vorgestellten Befunde keine Relevanz außerhalb der vorliegenden Untersuchung haben, kann man doch sagen, daß für die ernsthafte
politische Berichterstattung der hier untersuchten Medien das Äußere in
seinen verschiedenen Formen kaum eine Rolle spielt.

5.4. Traditionelle Eigenschaften

Die vierte Forschungsfrage richtete sich auf die Frage nach traditionellen
Eigenschaften, die den Geschlechtern zugeordnet werden und auf ein Vor-
handensein der traditionellen Geschlechterrollen schließen lassen könnten.
Dazu wurden verschiedene traditionelle männliche und weibliche Eigen-
schaften aus der Theorie heraus übernommen und ihr Vorhandensein in der
Presseberichterstattung überprüft.

5.4.1. Männliche und weibliche Eigenschaften im Text

Aus der Theorie wurden drei Hauptdimensionen für eine direkte Prüfung des Textes extrahiert. Diese drei Dimensionen sind Rationalität, Emotionalität und Stärke. Die Theorie besagt, daß Männern eher Eigenschaften wie Rationalität, Emotionslosigkeit und Stärke zugeschrieben werden, während Frauen genau entgegengesetzte Eigenschaften haben sollen (Mühlen Achs, 1993, S. 112, 31; Simmel, 1983, 1986, S. 222, 224; Neuendorff-Bub, 1979, S. 82-83).

Leider stellte sich nach einer ersten Häufigkeitsauszählung der einzelnen Dimensionen heraus, daß die absolute Anzahl der Nennungen insgesamt sehr gering ausfiel, so daß kein Signifikanztest möglich war. Die einzelnen Dimensionen, die zunächst in Abstufungen wie rational, eher rational, neutral, eher irrational und irrational erhoben worden waren, mußten daher zu jeweils zwei gegensätzlichen Polen zusammengefaßt werden.

In der Dimension Rationalität ist bereits auffällig, daß Ministerinnen so gut wie nie als rational, also als logisch denkend, vernünftig, realistisch oder ähnliches bezeichnet wurden, während sie viermal so häufig als irrational oder eher irrational bezeichnet werden. Bei den Männern sieht die Verteilung anders aus (Tabelle 10 und 11). Hier halten sich die beiden Pole genau die Waage. Männer werden also genauso oft als vernünftig wie als unvernünftig bezeichnet. Der Befund für die Frauen überrascht nicht, denn er deckt sich mit der traditionellen Geschlechterrolle, die diese Eigenschaften beinhaltet. Überraschend ist jedoch, daß Männer nicht eindeutig als rational bezeichnet werden, sondern genauso häufig als das Gegenteil. Dies könnte darauf zurückzuführen sein, daß die Berichterstattung sehr kritisch mit dem Verhalten von Politikern umgeht, um ihre Kritikfunktion angemessen auszuüben.

Tabelle 10 : Männliche und weibliche Eigenschaften bei weiblichen Ministern

Ausprägungsstärke	Eigenschaftsdimension (absolute Anzahl der Nennungen)		
	Rationalität	Emotionalität	Stärke
kommt nicht vor	89	84	76
stark	1	7	8
neutral	-	-	1
schwach	4	3	9
Anzahl Gesamt	94	94	94

Basis : 94 weibliche Aussage- und Handlungsträger

Tabelle 11 : Männliche und weibliche Eigenschaften bei männlichen Ministern

Ausprägungsstärke	Eigenschaftsdimension (absolute Anzahl der Nennungen)		
	Rationalität	Emotionalität	Stärke
kommt nicht vor	262	251	232
stark	12	27	35
neutral	-	-	2
schwach	12	8	17
Anzahl Gesamt	286	286	286

Basis : 286 männliche Aussage- und Handlungsträger

Die zweite Merkmalsdimension ist die der Emotionalität. Auch hier zeigt sich für die Frauen im Kabinett eine eher traditionelle Merkmalsverteilung. Sie werden etwa doppelt so häufig als emotional bezeichnet, denn als emotionslos. Allerdings gilt dies auch für männliche Minister. Auch bei ihnen werden Emotionen wie Wut, Trauer, Angst, Sensibilität, oder Unbeherrschtheit thematisiert. Diese Gefühle kommen sogar dreimal so häufig vor wie die Betonung der Emotionslosigkeit.

Die letzte der drei Merkmalsdimensionen ist die der Stärke, wobei damit nicht die physische, sondern die charakterliche Stärke gemeint ist. Hier zeigt sich bei den Ministerinnen ein ausgeglichenes Verhältnis. Sie werden etwa gleich häufig als stark wie als schwach bezeichnet, wenn auch eine leichte Mehrheit auf der Seite der Schwäche herrscht. Die männlichen Minister werden dagegen eindeutig häufiger, nämlich doppelt so oft als stark denn als schwach bezeichnet. Männer gelten also nach wie vor eher als hart, achtunggebietend, beharrlich und durchsetzungsfähig. Jedoch scheinen auch die Frauen im Kabinett in dieser Merkmalsdimension gegenüber

der klassischen Merkmalsverteilung aufgeholt zu haben, was das ausgegli-
chene Verhältnis zwischen den verschiedenen Merkmalsausprägungen
zeigt. Auch sie werden also von den Journalisten als respektgebietend,
durchsetzungsfähig und mutig gesehen. Es konnte bei einer Überprüfung
kein statistischer Zusammenhang zwischen den einzelnen Eigenschaftsdi-
mensionen entdeckt werden.

Somit kann, zumindestens für die vorliegende Untersuchung festgestellt
werden, daß die traditionellen Eigenschaften zwar zahlenmäßig nicht häufig vorkommen, aber wenn sie vorkommen, sich in großen Teilen mit der
Theorie decken. Unerwartete Entdeckungen gibt es hauptsächlich auf der
Seite der männlichen Minister. So werden diese überwiegend als stark bezeichnet, aber auch überraschend häufig als emotional. Ebenso interessant
ist es, daß in der Dimension Rationalität keine eindeutige Festlegung in eine Richtung stattfindet. Bei den Frauen dagegen sind die Merkmale bis auf
die Dimension Stärke so, wie die Theorie nahelegt. Männer sind also sowohl logisch als auch unlogisch in ihrem Verhalten und ihrem Charakter
und sie sind nicht länger emotionslos. Frauen dagegen werden immer noch
als eher emotional und unpragmatisch gesehen, wenn sich auch in der Dimension der Stärke die beiden Gegensätze die Waage halten.

Rationalität, Emotionalität und Stärke sind zwar zentrale Merkmale, die
Männern und Frauen zugeschrieben werden. Es gibt jedoch auch noch eine
andere Dimension, die der Aktivität und der Passivität. Allerdings wurden
diese Merkmale kaum direkt im Text genannt. Daher wurde auf der Beitragsebene die Kategorie ‚Initiative' von Aussage- und Handlungsträgern
eingeführt, um auf diesem Weg erheben zu können, ob diese in einem Beitrag im Textteil als aktiv oder eher passiv beschrieben werden. Zum anderen kann Aktivität auch in Bildern ausgedrückt werden. Darum wurde in
den Fällen, wo Bilder vorhanden waren, geprüft, ob der dargestellte Aussa-
ge- oder Handlungsträger eher statisch, also unbewegt, oder dynamisch,
also in Bewegung, gezeigt wurde.

Die verschiedenen Ausprägungen in der Kategorie ‚Initiative' wurden zunächst zu drei Blöcken zusammengefaßt. Den ersten Komplex bildet die
aktive Beschreibungsform, nämlich wenn jemand tatsächlich eine Handlung ausführt. Der zweite Komplex umfaßt die eher aktive Form, wenn
Personen beispielsweise Handlungen ankündigen. Den dritten Block bildet
die eher passive Form, bei der Personen etwas unterlassen oder lediglich im

Text erwähnt werden. Dabei ergab sich für die gesamte Berichterstattung folgendes Bild.

In den Beiträgen, wo weibliche Minister als Hauptaussageträger genannt werden, werden sie in der Mehrzahl der Fälle als eher aktiv beschrieben (Tabelle 12). So lassen sie meist die Absicht auf eine Handlung erkennen, kündigen Maßnahmen an oder wollen sich in der entweder näher oder nicht genau genannten Zukunft mit einem Problem beschäftigen. Am zweithäufigsten werden sie als aktiv dargestellt, indem sie gerade eine Handlung ausführen oder ausgeführt hatten. Am seltensten kommen weibliche Minister in eher passiven Kontexten vor, wie beim Unterlassen einer Handlung oder wenn sie gar nichts tun, sondern nur etwas sagen. Die Männer hingegen werden als Hauptaussageträger am häufigsten aktiv dargestellt, bei politischen Handlungen und beim Lösen von Problemen. Dies entspricht der traditionell Männern beigeordneten Eigenschaft der Aktivität. Am zweithäufigsten werden Männer im Kontext von geplanten und noch nicht ausgeführten Handlungen, wie beispielsweise Ankündigungen dargestellt. Fast 63 Prozent aller männlichen Minister werden aktiv dargestellt und nur 31 Prozent eher aktiv – diesen Unterschied zwischen den Ausprägungen ‚handeln' und ‚gerichtet oder indifferent vorhaben' könnte man damit erklären, daß Männer ihre Taten und Projekte der Presse gegenüber möglicherweise besser verkaufen können als Frauen, während Frauen vielleicht eher dazu neigen, nicht mit Erreichtem anzugeben.

Tabelle 12 : Initiative der Hauptaussageträger

Initiative		**Hauptaussageträger**		
		Männlicher Minister	Weiblicher Minister	Gesamt
Handeln, tatsächlich tun (aktiv)	Anzahl	74	20	94
	%	62,7 %	43,5 %	57,3 %
Handeln, gerichtet oder indifferent vorhaben (eher aktiv)	Anzahl	36	22	58
	%	30,5 %	47,8 %	35,4 %
Verhindern / unterlassen / nur genannt / passiv (eher passiv)	Anzahl	8	4	12
	%	6,8 %	8,7 %	7,3 %
Gesamt	Anzahl	118	46	164
	%	100 %	100 %	100 %

$Chi^2 = 5,1$; df = 2 ; n.s. (nicht signifikant)
Basis : 164 Artikel aus SZ, FAZ, Die Welt, in denen jeweils ein Hauptaussageträger vercodet wurde.

Auf die Schwierigkeit von Politikerinnen, sich medial gut darzustellen, ist bereits in einem vorangegangenen Kapitel hingewiesen worden. Am seltensten ist auch hier die eher passive Darstellung im Sinne von Unterlassungen oder die gänzlich passive Darstellung als bloßes Objekt der Berichterstattung. Man kann also nicht sagen, daß Ministerinnen sehr häufig passiv dargestellt werden, auch wenn offenbar in der Stichprobe die Minister häufiger als Macher dargestellt werden. Leider ist das Ergebnis des Chi-Quadrat Tests nicht signifikant, man kann also keine statistische Abhängigkeit der Variablen voneinander erkennen. Die unterschiedliche Beschreibung der Initiative bei Männern und Frauen ist also nicht auf die Grundgesamtheit zu übertragen.

Als Haupthandlungsträger werden weibliche Minister zwar vor allem aktiv beschrieben, es fällt aber auf, daß hier die zweithäufigste Beschreibungsform für Frauen die eher passive ist. Sie werden also entweder nur zum Objekt der Berichterstattung gemacht oder aber sie unterlassen etwas oder verhindern etwas. In jedem Fall tragen sie nicht konstruktiv zu Problemlösungen bei. Ganz selten machen sie Ankündigungen oder planen die Lösung von Problemen etc. Bei den Männern wiederholt sich das gleiche Schema. Auch sie werden hauptsächlich als aktiv dargestellt und in zweiter Linie als passiv oder im Kontext eines Unterlassens oder Verhinderns. Am seltensten sind auch hier die geplanten zukünftigen Handlungen. Dies könnte man dadurch erklären, daß Handlungsträger ja nicht zitiert werden und Ankündigungen meist von den Ministern selbst gemacht und verkündet werden. Leider ist auch hier das Ergebnis des Chi-Quadrat Tests nicht signifikant, so daß keine Abhängigkeit zwischen den beiden Variablen angenommen werden kann. Es können somit leider keine allgemein gültigen Aussagen darüber gemacht werden, ob Frauen in der Grundgesamtheit der Berichterstattung so beschrieben werden, wie hier geschildert.

Die Ministerinnen im Kabinett werden also nicht primär passiv dargestellt, wie die Theorie nahelegen würde. Als Handlungsträgerinnen werden sie sogar relativ häufig als aktiv dargestellt. Allerdings werden Männer seltener als Frauen passiv dargestellt. Es gibt also in der Stichprobe immer noch gewisse, rudimentär vorhandene traditionelle Vorstellungen über Frauen und Männer, auch wenn sich diese besonders auf der Seite der Männer verändert zu haben scheinen.

5.4.2. Die Darstellung im Bild

Aktivität und Passivität wird nicht nur in Texten ausgedrückt, sie kann auch auf Bildern zu Tage treten. Daher wurden Zeitungsbilder in die Analyse einbezogen. Untersucht wurde auf der Handlungs- und Aussageträgerebene, ob weibliche und männliche Minister, wenn sie auf Bildern zu sehen waren, in einer statischen, also unbewegten, oder einer Dynamik und Bewegung ausdrückenden Pose abgebildet waren. Da auf Fotos und Zeichnungen anders als im Fernsehen die Bewegung vielleicht nicht so leicht wahrnehmbar ist, wurde die statische Pose als solche in völliger Bewegungslosigkeit der abgebildeten Person definiert, also beispielsweise wenn jemand nur lächelt, nur zuhört ohne zu sprechen, oder nur in die Kamera blickt, ohne Bewegungen zu machen, zu gestikulieren, oder ähnliches. Die dynamische Pose wurde als solche definiert, bei der eine Person sichtbar in Bewegung ist, gestikuliert, spricht, oder läuft. Es sollte erfaßt werden, wer als inaktiv dargestellt wird und wer als aktiv. Es besteht hier aufgrund des traditionellen Geschlechterrollenklischees von der eher passiven Frau die Vermutung, daß Frauen eher in statischen Posen und Männer eher in dynamischen Posen abgebildet werden.

Das Ergebnis zeigt, daß Frauen, wie vermutet, häufiger in statischen Posen zu sehen sind, als in dynamischen. Bei den Männern dagegen überwiegen eindeutig die dynamischen Darstellungen. Jedoch läßt das Ergebnis des Signifikanztests nicht darauf schließen, daß ein Abhängigkeitsverhältnis der Variablen ‚Geschlecht' und ‚Aktivitätsgrad der Darstellung' besteht. Das Ergebnis ist also nicht auf die Grundgesamtheit übertragbar. Der Unterschied zwischen den Merkmalsausprägungen ist zwar in Zahlen nicht sehr groß, jedoch in der Stichprobe zu erkennen. Somit werden Frauen also häufiger in der Pose der Zuhörerin gezeigt, während Männer eher in Bewegung und bei sichtbaren Aktivitäten gezeigt werden.

Tabelle 13 : Aktivitätsgrad der Darstellung auf Zeitungsbildern

Aktivitätsgrad der Darstellung		Geschlecht		Gesamt
		weiblich	männlich	
Statische Darstellung	Anzahl	14	24	38
	%	53,8 %	47,1 %	49,4 %
Dynamische Darstellung	Anzahl	12	27	39
	%	46,2 %	52,9 %	50,6 %
Gesamt	Anzahl	26	51	77
	%	100 %	100 %	100 %

Chi = 0,317 ; df = 1 ; n.s. (nicht signifikant)
Basis : 77 auf Zeitungsbildern dargestellte Aussage- und Handlungsträger

Dies unterstützt das traditionelle Rollenklischee von der eher passiven Frau, die zuhört, wenn Männer sprechen, handeln, oder ganz einfach Dinge in Bewegung setzen. Das und der bereits genannte Befund, daß Frauen insgesamt im Verhältnis zu den männlichen Ministern relativ häufig abgebildet sind – das Verhältnis beträgt hier 1:2 während es auf der Handlungs- und Aussageträgerebene insgesamt bei 1:3 liegt – könnte zu der Vermutung führen, daß Frauen häufig als ‚schmückendes Beiwerk' abgebildet werden. Man könnte vermuten, daß die Art, wie Menschen auf Bildern dargestellt werden, von den normalen Zeitungslesern nicht auf den ersten Blick als klischeehaft wahrgenommen wird, denn es ist eine sehr subtile Art, Frauen anders darzustellen als Männer und so gleichsam einen Geschlechtsunterschied zu konstruieren. Es wäre interessant, mittels eines Experiments zu prüfen, ob der Durchschnittsleser diese Unterschiede wahrnimmt, wenn sie denn in der Grundgesamtheit auch in dem Maße vorhanden sind, wie in der vorliegenden Untersuchung.

5.5. Darstellung von Kompetenz und Leistung

Die fünfte und letzte Forschungsfrage richtete sich auf die Behandlung von politischer Kompetenz und Leistung bei BundesministerInnen. Wie schreibt die Tagespresse über die politische Arbeit, über die Fähigkeiten, die Erfolge und Mißerfolge von BundesministerInnen und werden hier Unterschiede zwischen Männern und Frauen gemacht? Da Frauen traditionell eher in der häuslichen Sphäre arbeiteten, und nach wie vor in der Politik in der Minderheit sind, müssen sie häufig härter arbeiten als Männer, um respektiert zu werden, und werden nach ihren eigenen Aussagen bei Mißerfolgen härter bestraft (Volk, 1992). Man könnte also vermuten, daß Erfolge und Leistungen von Frauen weniger wahrgenommen werden, als die von Männern. Auf der anderen Seite kann man ebensogut aufgrund der

Token-Theorie (Kanter Moss, 1977) vermuten, daß die Erfolge, aber auch die Mißerfolge von Frauen einer erhöhten Aufmerksamkeit durch die Presse unterliegen.

5.5.1. Qualifikation und Leistung

Eine Voraussetzung für die politische Kompetenz eines Ministers ist dessen Qualifikation. Die Thematisierung der Qualifikation ist ein wichtiges Indiz dafür, ob die betreffende Person bei den Journalisten Respekt genießt. Dies kann durch eine Erwähnung der Vorbildung, also des beruflichen Werdegangs oder der Ausbildung erfolgen, oder aber durch die Erwähnung des Lebensweges, die einen Minister oder eine Ministerin für das jeweilige Amt geeignet erscheinen lassen. Es ist zu vermuten, daß die Qualifikation von Frauen weniger häufig erwähnt wird, als die von Männern.

Die Qualifikation eines Ministers oder einer Ministerin wird nur selten erwähnt. Interessanterweise wird sie, wenn sie in einem Artikel erwähnt wird, etwas häufiger bei Frauen als bei Männern erwähnt. Denn sie wird bei fast zehn Prozent der Frauen und nur neun Prozent der Männer thematisiert. Dies könnte ein Hinweis darauf sein, daß die Berufung von Frauen in hohe Ämter vielleicht eher begründet werden muß, als die von Männern. Politikerinnen müssen allgemein häufig gegen den Vorwurf zu Felde ziehen, sie seien Quotenfrauen, die den Sprung in ein hohes politisches Amt nur aufgrund ihrer Geschlechtszugehörigkeit geschafft haben (Meyer, 1997, S. 311; Volk, 1992, S. 48). Vielleicht ist diese Thematisierung der Qualifikation von Ministerinnen auch ein wirksames Mittel um zu zeigen, daß diese Frauen nicht primär aufgrund ihres Geschlechts berufen wurden, sondern aufgrund ihrer formalen Qualifikation. Gleichzeitig ist es ein Zeichen der Anerkennung der Befähigung einer Frau für ein hohes politisches Amt. Das Ergebnis des Tests ist nicht signifikant, man kann also davon ausgehen, daß die beiden Variablen nicht voneinander abhängig sind. Somit ist bei hoher Wahrscheinlichkeit die Erwähnung der Qualifikation eines Ministers oder einer Ministerin nicht von deren Geschlecht abhängig. Der für die untersuchte Berichterstattung vorgestellte Befund kann somit nicht als für die Grundgesamtheit gültig betrachtet werden.

Ein weiteres unverzichtbares Mittel zur Einschätzung der Kompetenz ist die Thematisierung von Leistungen. Darunter versteht sich die alltägliche politische Arbeit von Ministern. Diese kann sowohl positiv als auch negativ in der Berichterstattung erwähnt werden. Auch hier besteht die Vermutung, daß die Leistungen bei Frauen seltener lobend erwähnt werden, als vielmehr tadelnd.

Tabelle 14 : Thematisierung der Leistung von Bundesministern

		Geschlecht		
Thematisierung Leistung		weiblich (n = 94)	männlich (n = 286)	Gesamt
kommt nicht vor	Anzahl	23	107	130
	%	24,5 %	37,4 %	34,2 %
positiv	Anzahl	31	49	80
	%	33,0 %	17,1 %	21,1 %
neutral	Anzahl	17	49	66
	%	18,1 %	17,1 %	17,4 %
negativ	Anzahl	23	81	104
	%	24,5 %	28,3 %	27,4 %
Gesamt	Anzahl	94	286	380
	%	100 %	100 %	100 %

$Chi^2 = 12,32$; $df = 1$; $p < 0.01$
Basis : 380 Aussage- und Handlungsträger aus 314 Artikeln aus SZ, FAZ, Die Welt.

Die tägliche Arbeit von Ministern wird, wie man in Tabelle 14 sehen kann, häufig in der Berichterstattung erwähnt und beurteilt. Dies überrascht kaum, da es ebenfalls Aufgabe der kritischen Presseberichterstattung ist, zu bewerten, wie MinisterInnen ihre Aufgaben meistern. Bei einem Drittel aller weiblichen Minister werden Leistungen positiv beurteilt. Bei knapp einem Viertel der weiblichen Handlungs- und Aussageträger werden ihre Vorschläge, Aktionspläne, oder andere politische Handlungen auf eine negative Weise thematisiert. In ebenso viel Prozent werden sie gar nicht erwähnt. Die Journalisten scheinen sich in der Mehrheit der Fälle sicher zu sein, ob Vorschläge positiv oder negativ zu bewerten sind, da nur sehr selten neutral bewertet wurde. Das bedeutet, es wurden nur selten verschiedene gleichwertige Standpunkte vertreten, so daß nicht entschieden werden konnte, welche Seite überwiegt. Damit überwiegen bei den Frauen eindeutig die positiven oder neutralen Beurteilungen.

Bei ihren männlichen Kollegen sieht die Lage etwas anders aus. Hier werden bei fast einem Drittel aller Handlungs- und Aussageträger die politische Arbeit, die Vorschläge oder Initiativen negativ beurteilt. Besonders auffällig ist der Unterschied zwischen Ministern und Ministerinnen hinsichtlich der positiven Bewertungen ihrer Leistungen. Nur bei knapp einem Sechstel aller männlichen Aussage- und Handlungsträger werden Leistungen gut bewertet, bei den Frauen sind es mit einem Drittel etwa die doppelte Anzahl von Handlungs- und Aussageträgern. Man kann also festhalten, daß die von den Ministerinnen geleistete Arbeit insgesamt besser bewertet wird, als die der Minister. Das Ergebnis des Chi-Quadrat Tests ist statistisch sehr signifikant, und man kann annehmen, daß es mit sehr hoher Wahrscheinlichkeit ein Abhängigkeitsverhältnis zwischen den beiden Variablen besteht und der oben dargestellte Befund auch für die Grundgesamtheit der Berichterstattung der untersuchten Medien gelten kann. Offenbar geht also die Presse kritischer mit der Arbeit der Minister um, als mit der Arbeit ihrer weiblichen Kollegen. Vielleicht haben die Frauen im Kabinett hier eine Art von ‚Geschlechtsbonus‘. Entweder wagen es die Journalisten in den Politikressorts und Meinungsressorts der Tageszeitungen nicht, genauso hart mit den Frauen ins Gericht zu gehen, wie mit den Männern, weil sie Angst haben, dann als diskriminierend zu gelten. Oder aber die Journalisten erwarten von vorneherein nicht so viel von weiblichen Ministern und die positiven Bewertungen sind auf das Überraschungsmoment zurückzuführen, welches sich einstellt, wenn eine Frau tatsächlich etwas zustandebringt und dafür anschließend beinahe übertrieben gelobt wird. Dies ließe sich durch die Token-Theorie erklären, wonach Männer die Leistung einer Frau überschwenglich loben, da sie damit nicht gerechnet haben, auf diese Weise jedoch indirekt zeigen, wie wenig sie eigentlich von der Kompetenz der Frau halten (Kanter Moss, 1977, S. 983).

Die Beurteilung der politischen Kompetenz drückt sich nicht nur in der direkten Thematisierung der Leistungen und der Eignung von Ministern aus, sondern auch auf eine etwas subtilere Weise in den Anredeformen. Diese können von der Verwendung der Anrede mit dem Titel über die Verwendung des Nachnamens bis hin zur geschlechtsspezifischen Anrede als ‚Frau Bulmahn‘ oder ‚Herr Schily‘ reichen. Laut den Befunden von Sterr (1997) werden Frauen sehr häufig mit der geschlechtsspezifischen Form angesprochen, um damit ihren Standpunkt abzuschwächen, die Unangemessenheit eines kritischen und unabhängigen Verhaltens zu verdeutlichen (S. 108), und damit insgesamt ihre Kompetenz zu schmälern. Männer hingegen werden oft mit dem vollen Titel angesprochen, wohl auch, um ihre Macht und Kompetenz herauszustreichen.

Der Befund von Sterr (1997) hinsichtlich der Verwendung der geschlechtsspezifischen Anrede bei Frauen schien sich in der vorliegenden Untersuchung auf der Ebene der Handlungs- und Aussageträger zu bestätigen. Es ist sehr auffällig, daß fast ein Sechstel aller weiblichen Minister nicht mit ihrem Titel, sondern mit der traditionellen Anredeform als ‚Frau' angesprochen wurde (Tabelle 15). Daraus läßt sich in Anlehnung an Sterr (1997) eine Trivialisierung von Ministerinnen in Form einer Reduzierung auf ihre weibliche Seite erschließen. Die Bedeutung dieser Anredeform wird noch betont durch die Tatsache, daß Männer in keinem einzigen Fall als ‚Herr' angesprochen wurden. Diese Anredeform scheint also für männliche Minister nicht gebräuchlich zu sein. Außerdem wird fast ein Fünftel aller Ministerinnen mit dem Vornamen und dem Nachnamen angesprochen, was ebenfalls auf eine Betonung des Geschlechts schließen läßt. Zählt man zu dieser Zahl noch die Nennungen des Titels mit dem Vor- und Nachnamen dazu, dann kommt man auf fast ein Drittel der Ministerinnen, deren Geschlecht betont wird. Positiv zu bemerken ist jedoch, daß die Mehrheit der MinisterInnen, etwa 38 Prozent, mit dem Titel und ihrem vollen Namen oder dem Nachnamen angesprochen wird. Somit kann man festhalten, daß es durchaus noch traditionelle Tendenzen hinsichtlich der Anrede von Politikerinnen gibt.

Bei den Männern ist die weitaus beliebteste Anrede die ausschließliche Verwendung des Nachnamens. 67 Prozent von ihnen werden als ‚Schily' oder ‚Scharping' angesprochen. Zieht man den Befund zur Häufigkeit der Nennungen einzelner Minister mit in Betracht, der in Tabelle 1 vorgestellt wurde, dann kann man vermuten, daß die am häufigsten als Aussage- oder Handlungsträger genannten Minister einen hohen Bekanntheitsgrad in der Öffentlichkeit haben, da sie wichtige Ressorts innehaben. Daher können Journalisten damit rechnen, daß sie den Titel in der Überschrift und im Text nicht immer verwenden müssen, um kenntlich zu machen, von wem die Rede ist. Die Anredeform mit Vor- und Nachname wurde fast kaum verwendet. Die Geschlechtszugehörigkeit von Männern wird also, im Gegensatz zu der von Frauen, kaum betont. Überraschend ist, daß männliche Minister aber kaum, wie man erwarten könnte, mit dem Titel angesprochen werden. Gerade einmal 21 Prozent aller männlichen Minister wurden als Bundesminister entweder ohne oder mit Namensnennung angesprochen.

Tabelle 15 : Anredeformen für Bundesminister

Anredeformen		Geschlecht		Gesamt
		weiblich (n = 94)	männlich (n = 286)	
Verwendung nur Titel / Titel mit Nachname	Anzahl	25	47	72
	%	26,6 %	16,4 %	18,9 %
Verwendung Vor- und Nachname	Anzahl	17	27	44
	%	18,1 %	9,4 %	11,6 %
Verwendung nur Nachname	Anzahl	25	192	217
	%	26,2 %	67,1 %	57,1 %
Verwendung Titel, Vorname und Nachname	Anzahl	11	20	31
	%	11,7 %	7,0 %	8,2 %
Verwendung der geschlechtsspezifischen Anrede	Anzahl	16	-	16
	%	17,0 %	-	4,2 %
Gesamt	Anzahl	94	286	380
	%	100 %	100 %	100 %

$Chi^2 = 79,38$; df = 4 ; p < 0.001
Basis : 380 Aussage- und Handlungsträger aus 314 Artikeln aus SZ, FAZ, Die Welt.

Das bedeutet, daß die Macht des Ministeramtes damit nicht in dem hohen Maß herausgestrichen wird, wie man annehmen könnte. Das Ergebnis des Chi-Quadrat Tests ist statistisch hochsignifikant, man kann also bei einer sehr geringen Irrtumswahrscheinlichkeit von einem Zusammenhang zwischen den beiden Variablen ausgehen. Die hier vorgefundenen Unterschiede hinsichtlich der Anredeformen sind damit auf die Grundgesamtheit der Berichterstattung der analysierten Zeitungen übertragbar.

5.5.2. Thematisierung von Erfolg und Mißerfolg

Die politische Arbeit eines Ministers kann entweder in einen Erfolg oder einen Mißerfolg münden. Dies ist dann der Fall, wenn beispielsweise das Parlament einer Gesetzesvorlage eines Minister zustimmt oder sie ablehnt, oder ein Durchbruch bei Verhandlungen bei einer politischen Frage erzielt wird, oder die Verhandlungen scheitern. Die Frage ist, wie die Presse mit diesen Erfolgen umgeht und ob es Unterschiede gibt, die sich mit dem Geschlecht der jeweiligen Person erklären lassen könnten.

Darum wurde auf der Ebene der Handlungs- und Aussageträger erhoben, ob überhaupt Erfolge und Mißerfolge in der Berichterstattung vorkommen. Wie bereits gesagt, könnte man annehmen, daß den Erfolgen von Frauen weniger Bedeutung beigemessen wird, als denen von Männern. Insgesamt wird nur bei 14 Prozent aller weiblichen Handlungs- und Aussageträgerinnen ein Erfolg genannt, bei den männlichen Handlungs- und Aussageträgern sind es nur wenig mehr, nämlich 16 Prozent.

In einem weiteren Schritt wurden die explizit genannten Erfolgsbegründungen betrachtet. Insgesamt ist zu bemerken, daß in der Mehrzahl der Fälle keine Begründung für einen Erfolg abgegeben wird. Bei den weiblichen Ministern ist kein zahlenmäßiger Unterschied zwischen den einzelnen Begründungen zu erkennen. Als Grund für einen Erfolg werden sowohl individuelle Faktoren, wie der Charakter, die psychische Verfassung oder die Sachkompetenz angeführt (Tabelle 16).

Tabelle 16 : Erfolgsbegründungen

Erfolgsbegründung		Geschlecht		
		weiblich	männlich	Gesamt
keine Begründung	Anzahl	84	245	329
	%	89,4 %	85,7 %	86,6 %
individuelle Faktoren	Anzahl	5	18	23
	%	5,3 %	6,3 %	6,1 %
äußere Faktoren	Anzahl	5	23	28
	%	5,3 %	8,0 %	7,4 %
Gesamt	Anzahl	94	286	380
	%	100 %	100 %	100 %

$Chi^2 = 0,935$; df = 2 ; n.s. (nicht signifikant)
Basis : 380 Handlungs- und Aussageträger aus 314 Artikeln aus SZ, FAZ, Die Welt.

Andererseits werden im gleichen Ausmaß äußere Erfolgsfaktoren angegeben, wie die Einmischung anderer Personen oder glückliche Umstände, auf die ein Erfolg zurückzuführen ist. Die Prozentwerte sind in beiden Ausprägungen identisch, es überwiegt also keine der Begründungsmöglichkeiten. Man hätte erwarten können, daß Frauen im Kabinett aufgrund der traditio-

nell Frauen zugeschriebenen Unselbständigkeit eher mit Hilfe Dritter, beispielsweise des Bundeskanzlers, Erfolge feiern können.

Bei den Männern wurden etwas häufiger äußere Umstände oder andere
Personen als Begründung angeführt, als individuelle Faktoren wie die
Sachkompetenz. Dies ist interessant, da die traditionelle Geschlechterrolle
des Mannes eigentlich Kompetenz und Rationalität und Unabhängigkeit
umfaßt, die in der Geschlechterrolle der Frau völlig fehlen. Man könnte
also erwarten, daß der Erfolg bei Männern häufiger auf individuelle Faktoren wie ihre Sachkenntnis zurückgeführt wird, was aber hier nicht der Fall
ist. Wie bereits in Kapitel 4.1 dargelegt wurde, werden Männer in der vorliegenden Untersuchung nicht mehrheitlich als rational bezeichnet. Hinzu
kommt, daß die Leistungen von Ministerinnen relativ positiv bewertet werden, wie in Kapitel 5.5.1 ausgeführt wurde. Kombiniert man diesen Befund
mit dem oben genannten, dann könnte man, zumindest im Rahmen der
vorliegenden Untersuchung, daraus schließen, daß Minister nicht unbedingt
als kompetenter gesehen werden, als Ministerinnen. Denn offenbar benöti-
gen sie häufiger Glück oder die Hilfe von Dritten, um ihre politischen Ziele
zu erreichen. Allein durch ihre persönlichen Fähigkeiten scheinen sie diese
nicht erreichen zu können. Zwischen den Variablen konnte nach dem Signifikanztest kein Abhängigkeitsverhältnis entdeckt werden. Der Unterschied zwischen Männern und Frauen hinsichtlich der Erfolgsbegründung
kann nicht auf die Grundgesamtheit übertragen werden.

Im Vergleich zur Thematisierung von Erfolgen kommen Mißerfolge häufiger in der Berichterstattung vor. Offenbar eignen sich in den Augen der
Journalisten entweder Mißerfolge besser für die Berichterstattung als Erfolge, oder aber diese kommen einfach überhaupt in der Realität häufiger
vor. Mißerfolge wurden bei 21 Prozent der weiblichen Aussage- und
Handlungsträger thematisiert. Bei den männlichen Aussage- und Handlungsträgern waren es 28 Prozent.

Nach Aussagen von Politikerinnen werden Frauen bei einem Mißerfolg viel
härter behandelt, als Männer (Volk, 1992, S. 49). Dies könnte man so auslegen, daß Mißerfolge individuell, also mit persönlichen Faktoren, begründet werden, und nicht mit unkontrollierbaren äußeren Faktoren quasi ent-
schuldigt werden. Bei den weiblichen Handlungs- und Aussageträgern
werden Mißerfolge in der leichten Mehrheit der Fälle, nämlich knapp zehn
Prozent der Ministerinnen, auf individuelle Faktoren zurückgeführt, und

bei nur sieben Prozent auf äußere Faktoren, die sich nicht auf deren persönliches Versagen zurückführen lassen (Tabelle 17). Dies scheint die oben genannte Vermutung zu bestätigen.

Allerdings zeigt sich bei den Männern ein ähnliches Bild. Auch ihre Mißerfolge werden mehrheitlich Faktoren wie mangelnder Sachkompetenz oder einer Charakterschwäche angelastet, und seltener auf kaum kontrollierbare äußere Einflüsse wie Pech zurückgeführt. Hier zeigt sich also eine Übereinstimmung in der Behandlung von Frauen und Männern in der Presseberichterstattung. Das Ergebnis des Chi-Quadrat-Tests war nicht signifikant, daher kann man keine statistische Abhängigkeit zwischen den Variablen vermuten und die Ergebnisse sind nicht auf die Grundgesamtheit zu übertragen. Aber es ist interessant, daß Minister in der vorliegenden Untersuchung unabhängig von ihrem Geschlecht persönlich für Mißerfolge verantwortlich gemacht werden. Damit kann man anhand der vorgestellten Ergebnisse nicht behaupten, daß Frauen bei Mißerfolgen sehr viel härter behandelt werden, als Männer.

Tabelle 17 : Mißerfolgsbegründung

Mißerfolgsbegründung		**Geschlecht**		
		weiblich	männlich	Gesamt
kommt nicht vor	Anzahl	78	211	289
	%	83,0 %	73,8 %	76,1 %
individuelle Faktoren	Anzahl	9	44	53
	%	9,6 %	15,4 %	13,9 %
äußere Faktoren	Anzahl	7	31	38
	%	7,4 %	10,8 %	10,0%
Gesamt	Anzahl	94	286	380
	%	100 %	100 %	100 %

$Chi^2 = 3,31$; df = 2 ; n.s. (nicht signifikant)
Basis : 380 Handlungs- und Aussageträger aus 314 Artikeln aus SZ, FAZ, Die Welt.

Die letzte Forschungsfrage richtete sich auf die Beurteilung der politische Kompetenz von Bundesministerinnen in der Berichterstattung. Und man kann vor dem Hintergrund der eben dargelegten Ergebnisse sagen, daß es Unterschiede zwischen Männern und Frauen im Kabinett gibt. Dabei werden Frauen nicht so geringschätzig behandelt, wie man hätte erwarten können. Ihre Arbeit wird, anders als die ihrer männlichen Kollegen, überwiegend neutral oder positiv bewertet und ihre berufliche Qualifikation wird gewürdigt. Auch ihre Erfolge werden besprochen und diese werden nicht nur primär auf äußere Einflüsse in Gestalt anderer, möglicherweise männlicher, Helfer, zurückgeführt, wie man hätte vermuten können. Was Mißerfolge angeht, gibt es kaum Unterschiede zwischen Männern und Frauen im Kabinett, denn diese werden bei beiden Gruppen häufiger den Fehlern der Minister, als den Umständen oder anderen Personen angelastet. Man kann also sagen, daß die Ministerinnen im Bundeskabinett hinsichtlich ihrer Kompetenz nicht schlechter beurteilt werden, als die Minister, und in manchen Fällen wie bei der Thematisierung der Qualifikation oder der Leistung sogar besser wegkommen. Man könnte daraus schließen, daß die Ministerinnen eher als qualifizierte, relativ gut arbeitende ‚Fachfrauen' gesehen werden, denn als nur mäßig befähigte ‚Quotenfrauen'.

6. Schlußbetrachtung

An dieser Stelle sollen die wichtigsten Ergebnisse der vorliegenden Arbeit noch einmal zusammengefaßt und diskutiert werden. Dabei wird auch auf die Probleme eingegangen, die sich während des Untersuchungsverlaufes herauskristallisierten. Anschließend werden dann noch einige mögliche zukünftige Fragestellungen vorgestellt, die sich aus der vorliegenden Untersuchung ergeben haben und für die sich eine eigene Untersuchung lohnen würde.

Die Ausgangsfrage der vorliegenden Untersuchung ist die nach der Geschlechterdifferenz, ihrer Aufnahme in die Berichterstattung und der Herstellung und Vermittlung von Geschlechterrollen. Hinsichtlich der Unterschiede zwischen den Geschlechtern kann man nur wenig aus der vorliegenden Untersuchung erfahren. Große zahlenmäßige Unterschiede zwischen der Darstellung von Ministern und Ministerinnen sind ausgeblieben. Erst bei genauerem Hinsehen kann man einige subtile Unterschiede erkennen, die sich zum Teil mit den aus der Theorie bekannten Befunden decken. So konnte zwar keine vollständige Verbannung der Ministerinnen in die symbolische Nichtexistenz (Tuchman, 1980) aufgezeigt werden, das Mittel der Trivialisierung ist jedoch noch gebräuchlich. Es ist allerdings im Verlauf der Untersuchung noch eine weitere Entdeckung zu Tage getreten, ebenfalls in eher bescheidenen Zahlenwerten und beschränkt auf bestimmte Bereiche, aber doch erkennbar. Diese deckt sich nicht mit den beschriebenen Befunden, da sie in die entgegengesetzte Richtung läuft. Es handelt sich um eine Art Bevorzugung von Frauen in ihrer Darstellung in der Presse, einen 'Geschlechtsbonus'. Man kann damit einige für die Darstellung von Frauen äußerst positive Ergebnisse erklären, die sich sonst nur schwer erklären ließen.

Die erste Forschungsfrage, die sich auf die formalen Aspekte der Berichterstattung wie den Umfang oder die Stilformen über Ministerinnen richtete, wurde zwar nicht mit der vollständigen Verbannung von Frauen in die symbolische Nichtexistenz beantwortet. Aber von einer Gleichberechtigung kann keine Rede sein. Ministerinnen kommen in der Berichterstattung der drei untersuchten Ziehungen vor, jedoch nicht ihrem realen Anteil an der Politik entsprechend. Die Unterrepräsentiertheit von Frauen deckt sich mit den Ergebnissen anderer Untersuchungen (Cornelißen & Küsters, 1992; Schmerl, 1985; Weiderer, 1993) Ein Faktor, der hier sicherlich eine Rolle spielt, ist wohl die Ressortverteilung innerhalb der Regierung, bei der Männer die einflußreichsten Ressorts besetzen. Hinsichtlich des Umfanges der Beiträge läßt sich nur sagen, daß Frauen in sehr kurzen oder sehr langen Beiträgen vorkommen, Männer dagegen in den Beiträgen mit mittlerer Länge. Zum Umfang der Beiträge ist an dieser Stelle zu bemerken, daß es im Grunde genommen wenig sinnvoll ist, diesen zu messen, da das Ergebnis kaum aussagekräftig ist. Hier wäre es vielleicht günstiger gewesen, die Länge von Statements oder Aussagen zu messen. Man könnte nur vermuten, daß längere Beiträge von den Lesern einer Zeitung eher wahrgenommen werden, als kurze, und daß hier eher die Möglichkeit zur umfassenden medialen Selbstdarstellung besteht, als in kurzen Beiträgen. Auf der anderen Seite kommen in längeren Beiträgen auch meist mehrere Aussage- und Handlungsträger vor, somit verteilt sich also die Aufmerksamkeit des Lesers, anders als bei Kurzmeldungen, die sich meist auf eine Person konzentrieren.

Auch hinsichtlich der Stilformen wurden Unterschiede zwischen den männlichen und den weiblichen Ministern festgestellt. Männer kommen relativ häufig in meinungsäußernden Stilformen vor, während Frauen sehr häufig interviewt werden. Die Männer in der Regierung werden also in den untersuchten Artikeln von den Journalisten und Journalistinnen häufiger kritisch und satirisch ‚aufs Korn genommen'. Daß Frauen relativ häufig Interviewpartnerinnen sind, haben auch schon Cornelißen und Küsters (1992) festgestellt (S. 132). Sie vermuten als Erklärung eine Art Alibifunktion für die überwiegend männlichen Journalisten, um das ansonsten vorherrschende quantitative Verhältnis von Frauen und Männern auszugleichen. Letzten Endes kann man also auch hier einen ‚Geschlechtsbonus' vermuten, eine Art ‚Trostpflaster' für die weiblichen Minister. Leider konnte dieser nicht hinsichtlich der Plazierung der Beiträge festgestellt werden, da eine gewisse Abwesenheit von Frauen in den Beiträgen mit einer sehr hohen oder hohen Plazierung zu erkennen ist. Das bedeutet eine Unterrepräsentiertheit von Frauen auf den Titelseiten der Zeitungen, was auf eine subtile Verbannung in die symbolische Nichtexistenz (Tuchman, 1980) hindeuten könnte.

Auch hinsichtlich des Kontextes, in dem Ministerinnen und Minister dargestellt werden, konnten nicht die erwarteten deutlichen Unterschiede entdeckt werden. Bei der Betrachtung der Themen fiel auf, daß Ministerinnen im Verhältnis zu den restlichen Handlungs- und Aussageträgergruppen in der gesamten untersuchten Berichterstattung relativ häufig in Artikeln zu Ereignissen und Veranstaltungen genannt wurden. Allerdings sind die Zahlenwerte so klein, daß dies auch ein lediglich auf die Stichprobe beschränktes Phänomen sein könnte. Ein weiteres Ergebnis ist bei dem Vergleich weniger ausgewählter Handlungs- und Aussageträger die Tatsache, daß Ministerinnen seltener als Minister in Themenbereichen zitiert werden oder auftreten, die außerhalb ihres Kompetenzbereiches liegen. Dieses Ergebnis gilt allerdings nur für die hier untersuchte Stichprobe. Das könnte jedoch ein Hinweis darauf sein, daß die Journalisten ihnen mangelhafte ressortübergreifende Fähigkeiten zubilligen.

Eine Überraschung ergab sich hinsichtlich der Schilderung privater Details in der Berichterstattung. Erwartet wurde, daß Frauen viel häufiger als Männer in einen privaten Kontext eingebettet werden, indem man sie vor dem Hintergrund ihrer Mutterschaft und Ehe darstellt. Die Kinder und die Familie von Frauen wurden erwähnt, wenn auch mit einer sehr geringen Häufigkeit, während sie bei den männlichen Ministern in keinem Fall erwähnt wurden. Auffällig ist, daß bei den männlichen Ministern die Ehefrauen oder Lebenspartnerinnen verhältnismäßig häufig erwähnt wurden. Bei Frauen dagegen wurden die Ehemänner nicht erwähnt. Damit kann man also zumindest im Rahmen der Untersuchung nicht sagen, daß ausschließlich Frauen in einem privaten und eher trivialen Kontext dargestellt werden, denn für die Männer trifft dies sogar in höherem Maße zu. Leider sind die Zahlen so gering, daß keine Aussagen über die Grundgesamtheit erfolgen können. Damit wurden für Politikerinnen in der vorliegenden Untersuchung die Befunde von Prenner (1995), Huhnke, (1996) und Cornelißen und Küsters (1992) nicht bestätigt. Diese hatten herausgefunden, daß Frauen allgemein eher vor dem Hintergrund ihrer Familie und ihres Haushalts in Erscheinung treten dürfen.

Eine eindeutige Trivialisierung findet durch Konnotierung statt. Frauen werden häufiger abgewertet als aufgewertet, bei den männlichen Ministern ist es genau umgekehrt. Besonders die geschlechtsspezifische Konnotierung zeigt, daß die Weiblichkeit von Frauen auf subtile Art und Weise betont wird, indem sie als ‚Damen' oder ‚Mädel' bezeichnet und so subtil abgewertet werden. Damit wurde der Befund von Sterr (1997) für die vorliegende Untersuchung bestätigt.

Die dritte Forschungsfrage richtete sich auf die Frage nach der äußeren Erscheinung und Physis von Ministerinnen und Ministern. Vermutet wurde, daß der allgemein auf Frauen lastende Attraktivitätsdruck (Mühlen Achs, 1993, S. 14) sich in einer häufigen Thematisierung der Erscheinung und des Köpers der Ministerinnen niederschlagen würde. Allerdings war dies nicht der Fall. Die Physis der Ministerinnen wurde äußerst selten im Text erwähnt. Überraschend war der Befund, daß die Physis und die äußere Erscheinung von Männern, besonders die Kleidung, verhältnismäßig häufig thematisiert wurden. Dies führt zu der Annahme, daß der Attraktivitätsdruck möglicherweise nicht mehr länger auf Frauen beschränkt ist. Vielleicht zeigt sich hier auch der bereits erwähnte ‚Geschlechtsbonus'. Die Journalisten in den Politikressorts der Tageszeitungen sind, wie in Kapitel 3.4 ausgeführt wurde, überwiegend männlichen Geschlechts. Es wäre möglich, daß sie es nicht wagen, allzu häufig auf die äußere Erscheinung einer Frau hinzuweisen, weil ihnen dies den Vorwurf des Sexismus eintragen würde. Allerdings legen die von Weischenberg et al. (1994) beobachteten Befunde nahe, daß es keine so großen geschlechtsspezifischen Unterschiede zwischen der Art und Weise, wie weibliche und männliche Journalisten über Frauen schreiben, gibt. Die Zahlen sind allerdings zu klein, um Aussagen für die Grundgesamtheit zu treffen.

Das einzige Indiz dafür, daß Äußerlichkeiten bei Frauen nicht ganz unwichtig sind, ist die Tatsache, daß Ministerinnen im Verhältnis zu Ministern relativ häufig auf Bildern zu sehen waren, ein Befund, der statistisch signifikant war und damit möglicherweise für die Grundgesamtheit gilt. Allerdings relativiert sich dieser Befund. Es zeigt sich bei genauerer Betrachtung, daß der Körper der abgebildeten Frauen nicht sehr häufig zu sehen war, sondern nur das Gesicht. Fast ausschließlich die Minister wurden körperbetont dargestellt. Somit kann man auch hier annehmen, daß das Äußere nicht mehr nur bei Frauen wichtig ist. Insgesamt spielt die äußere Erscheinung praktisch kaum eine Rolle in der untersuchten politischen Berichterstattung. Eine Reduzierung von Ministerinnen auf ihre Physis, ihre Kleidung und Frisur, wie Schmerl (1985) sie vor fast zwanzig Jahren für Politikerinnen feststellte, ist hier nicht zu entdecken.

Die vierte Forschungsfrage richtete sich auf traditionelle männliche und weibliche Eigenschaften, die noch in der Berichterstattung vorhanden sein könnten. Es stellte sich heraus, daß die Frauen in der untersuchten Berichterstattung eher irrational, gefühlsbetont und in gleichem Maße stark wie schwach dargestellt wurden, die Männer dagegen sowohl irrational als auch rational, eher gefühlsbetont und eindeutig stark. Damit zeichnen sich also bis auf die Dimension der Stärke die traditionellen Eigenschaften bei den Frauen noch relativ klar ab. Denn sie wurden sowohl als respektgebietend und hart, wie auch als das Gegenteil gesehen. Es scheint also einige mutige und ehrgeizige ‚Powerfrauen' im Kabinett zu geben, allerdings ebenso die eher schwachen ‚grauen Mäuse'. Mut, Ehrgeiz und Härte sind Teil des Selbstbildes von vielen Politikerinnen (Meyer, 1997, S. 334). Einige dieser Eigenschaften werden also auch in der untersuchten Presseberichterstattung reflektiert. Überraschend ist, wie häufig die Männer als emotional bezeichnet wurden. Damit relativiert sich die traditionelle Vorstellung vom ‚Harten Mann' ohne Gefühle.

Was die Beschreibung ihrer Initiative angeht, so kann man insgesamt sagen, daß die Frauen in der Regierung in der Mehrheit nicht als Macherinnen, sondern als Planerinnen dargestellt werden. Sie kündigen häufiger Handlungen an, als daß sie erreichte Ziele vorstellen oder Handlungen tatsächlich durchführen. Die Durchführung von Handlungen scheint hauptsächlich den Männern vorbehalten zu sein. Trotzdem werden Frauen in den untersuchten Artikeln keineswegs als passive ‚Weibchen' beschrieben. Ein deutlicher Unterschied zeigt sich jedoch in der bildlichen Darstellung der Aussage- und HandlungsträgerInnen: hier werden Frauen eindeutig häufiger in unbewegten Posen gezeigt als in Bewegung. Die Männer dagegen werden häufiger in Bewegung als in Bewegungslosigkeit gezeigt. Dieser Befund stützt die oben genannte Annahme, daß die Männer in der Regierung analog zum traditionellen Rollenbild des Mannes als Macher präsentiert werden, die Frauen dagegen als Zuhörerinnen und im Hintergrund agierende Planerinnen. Dies korrespondiert interessanterweise mit der Selbsteinschätzung von Politikerinnen, die von sich sagen, bessere Zuhörerinnen zu sein, als ihre männlichen Kollegen (Volk, 1992, S. 69).

Die fünfte und letzte Forschungsfrage richtete sich auf die Behandlung der politischen Kompetenz der Minister und Ministerinnen. Hinsichtlich der Thematisierung der Qualifikation kann man kaum einen Unterschied zwischen Männern und Frauen feststellen. Insgesamt wird die Qualifikation bei Männern wie Frauen nur selten erwähnt. Ein Unterschied zeigt sich zwischen Männern und Frauen in der Bundesregierung hinsichtlich der

Bewertung ihrer Leistungen. Die politische Arbeit der Ministerinnen wurde überwiegend positiv bis neutral bewertet, bei den Männern überwiegend neutral bis negativ. Somit wird das Engagement von Frauen also in der Presse durchaus gewürdigt. Man könnte dies mit der Token-Theorie (Kanter Moss, 1977) erklären, wonach Männer in bestimmten Situationen die Leistungen einer Frau überschwenglich loben, da sie ihnen eine solche Leistung nicht zugetraut hätten. Das an sich sehr positive Ergebnis, das außerdem statistisch signifikant war, wird damit wieder relativiert. Andererseits kann man hier wieder den bereits erwähnten ‚Geschlechtsbonus' herauslesen. Offenbar wagen es die – überwiegend männlichen – Journalisten nicht, Frauen allzu sehr zu kritisieren, weil man dies als eine Tendenz zum Chauvinismus auslegen könnte. Was die Erfolge und Mißerfolge angeht, gibt es nur einen Unterschied zwischen Männern und Frauen. Die Erfolge der Männer werden primär äußeren Faktoren, wie zum Beispiel anderen Personen oder den Umständen angelastet, die der Frauen zu gleichen Teilen ihren individuellen Fähigkeiten wie äußeren Einflüssen. Für Mißerfolge wird dagegen unabhängig vom Geschlecht der jeweilige Minister verantwortlich gemacht. Das bedeutet, es kann zumindest im Rahmen der vorliegenden Untersuchung und für die Presseberichterstattung der Auffassung einer ehemaligen Bundestagsabgeordneten widersprochen werden, die darauf hinwies, daß Politikerinnen bei Mißerfolgen viel härter behandelt werden, als Politiker (Volk, 1992, S. 49). Leider kann man von der hier untersuchten Berichterstattung nicht auf die Verhältnisse in der Realität schließen.

Das größte Problem der vorliegenden Untersuchung sind zu geringe Fallzahlen in wichtigen Kategorien, was sich insgesamt negativ auf die Möglichkeit auswirkte, Signifikanztests zu rechnen. Somit konnte nicht in allen Fällen festgestellt werden, ob man von der Stichprobe auf die Grundgesamtheit schließen kann. Und selbst dort, wo diese gerechnet werden konnten, gab es kaum signifikante Ergebnisse, was bedeutet, daß die vorgestellten Befunde bis auf wenige Ausnahmen keine Rückschlüsse auf die Grundgesamtheit der Berichterstattung der untersuchten Medien zulassen. Eine Erklärung dafür könnte darin liegen, daß in der Berichterstattung der untersuchten seriösen Tageszeitungen die traditionellen Geschlechterrollen so in der politischen Berichterstattung nicht mehr existieren. Offenbar folgt die Berichterstattung über MinisterInnen als Elitepersonen einem anderen Muster, als die Berichterstattung über Frauen und Männer im allgemeinen.

Eine Lösung für dieses Dilemma hätte darin bestehen können, die Untersuchung an einer erheblich umfangreicheren Anzahl von Artikeln durchzuführen, was jedoch im Rahmen einer Magisterarbeit nicht möglich war. Insgesamt können so nur subtile Indizien für traditionelle Vorstellungen über die Geschlechter in der untersuchten Berichterstattung präsentiert werden.

Diese lassen sich auf verschiedene Arten erkennen. So wird die Weiblichkeit der Ministerinnen durch bestimmte rhetorische Mittel besonders betont. Dies ist der Fall, wenn sie beispielsweise mit geschlechtsspezifischen Ausdrücken belegt werden wie ‚Dame' oder ‚Mädel'. Umgekehrt werden die Männer nicht als ‚Jungen' oder ‚Herren' bezeichnet. Auch der relativ häufige Gebrauch der geschlechtsspezifischen Anrede läßt auf die Betonung ihrer weiblichen Seite schließen. An anderen Stellen wie bei der Frage nach dem Äußeren jedoch scheint diese Weiblichkeit eher unterdrückt zu werden. Die traditionelle Rolle der Mutter und Hausfrau scheint ebensowenig in der Berichterstattung aufgegriffen zu werden, wie die Vorstellung von ‚Apparate-Frauen' ohne Gefühle (Schmerl, 1985, S. 44-45). Wenn Ministerinnen auch als mutig und hart bezeichnet werden, werden sie doch nicht als ‚kriegerische Emanzen' (Huhnke, 1996, S. 214) dargestellt. Ihre Darstellung erfolgt eher anhand dem Bild einer ‚Fachfrau', deren Arbeit relativ wohlwollend von den Journalisten bewertet wird, die jedoch nicht ihrem realen Anteil gemäß in der Berichterstattung vorkommt. Dieses Problem könnte auf eine mangelhafte mediale Selbstdarstellung von Politikerinnen hindeuten. Auch die Minister sind nicht mehr nur ‚Harte Kerle'. Sie werden als durchaus emotional und nicht immer rational denkend dargestellt. Auch ihr Aussehen oder ihre Kleidung werden relativ häufig in der Berichterstattung thematisiert. Das traditionelle Bild vom männlichen Geschlecht findet sich hier also ebenso wenig eindeutig wie das vom weiblichen. Trotzdem dominieren die Männer in dieser Untersuchung die Berichterstattung und sind häufiger in der Rolle der aktiven Macher zu sehen.

Um ein genaueres Bild zu erhalten, wäre es günstig, einzelne Minister und Ministerinnen herauszugreifen, und hinsichtlich ihrer Darstellung zu vergleichen. Besonders interessant wäre ein Vergleich der Ministerinnen unter Schröder, deren Ressorts unter Kohl noch in der Hand eines Mannes war, mit ihren Vorgängern. So könnte man nachprüfen, ob über Frauen, die in früher männlich besetzte Ressorts eindrangen, häufiger berichtet wird, als über Männer. Dabei müßte allerdings das Untersuchungsmaterial viel umfangreicher sein, um die Chancen auf signifikante Ergebnisse zu erhöhen. Dies war im Rahmen einer Magisterarbeit nicht zu bewältigen. In diesem Fall könnte man auch auf die Ziehung einer Stichprobe verzichten, um die Gefahr zu minimieren, daß die wirklich interessanten Artikel aus dem Raster fallen.

Welche zukünftigen Fragestellungen könnten sich aus der vorliegenden Arbeit ergeben? Zum einen könnte eine Journalistenbefragung dabei helfen, die Einstellungen der Journalisten den Frauen im Kabinett gegenüber zu beleuchten. In der vorliegenden Arbeit konnte lediglich darüber spekuliert werden, ob es so etwas wie einen ‚Geschlechtsbonus' oder eine Benachteiligung von Frauen gibt. Nur eine Journalistenbefragung, die an eine Inhaltsanalyse anknüpft, kann dazu beitragen, Licht ins Dunkel zu bringen. Es wäre nämlich möglich, daß Journalisten sich gar nicht bewußt sind, daß Frauen an einigen Stellen benachteiligt oder bevorzugt werden.

Eine andere Fragestellung, die hochinteressant wäre, ist die Frage ob weibliche Journalisten anders über Politikerinnen schreiben als männliche. Es ist in der Literatur bereits viel darüber spekuliert worden. So warnen Weischenberg, Keuneke, Löffelholz und Scholl (1994) vor der stark vereinfachenden Antwort eines typisch ‚weiblichen' oder typisch ‚männlichen' Journalismus (S. 56). Es ist eine Tatsache, daß Ressorts wie das Politik- oder Wirtschaftsressort immer noch von ihrer Besetzung her männlich dominiert sind. Aber die Frauen, die hier arbeiten, unterscheiden sich hinsichtlich ihres Rollenverständnisses und ihres Journalismuskonzepts nicht so sehr von ihren Kollegen (Weischenberg et al., 1994, S. 55). Auch Prenner (1995) weist darauf hin, daß ein rein quantitatives Mehr an Frauen im Journalismus nicht unbedingt eine frauenfreundlichere Berichterstattung bedeuten muß, denn Frauen, die in das patriarchal geprägte System Journalismus eindringen, müssen sich an die von Männern vorgegebenen Regeln anpassen (S. 86). Auf jeden Fall wäre eine Inhaltsanalyse mit einer daran angekoppelten Journalistenbefragung hochinteressant, um herauszubekommen, ob ein Zusammenhang zwischen dem Geschlecht des Kommunikators und dem Medieninhalt besteht.

Es ist bereits im Laufe der Ergebnisdarstellung darauf hingewiesen worden, daß es zum Teil sehr subtile Unterschiede zwischen der Darstellung von weiblichen und männlichen Ministern gibt. Interessant wäre hier zu erfahren, ob und wie die Rezipienten, also das Publikum diese Unterschiede wahrnehmen. Aus der vorliegenden Inhaltsanalyse kann dazu keine stichhaltige Antwort abgegeben werden. Man könnte versuchen, mit Hilfe eines Experiments, das sich an eine Inhaltsanalyse anschließt, die Antwort auf diese Frage zu erhalten. Dabei wäre auch interessant, Zeitungsbilder in die Analyse einzubeziehen. Man könnte dabei auf die Ergebnisse von Archer et al. (1985) aufbauen und die Frage stellen, ob die Art der Darstellung auch die Einschätzung der dargestellten Person hinsichtlich ihrer Intelligenz und Leistungen beeinflußt.

Auch eine umfangreiche Bildanalyse könnte interessante Ergebnisse erbringen. Im Rahmen der vorliegenden Arbeit konnten Bilder nur am Rande in die Analyse einbezogen werden. Dabei konnten diese jedoch nicht in der Tiefe analysiert werden, die möglich und wünschenswert wäre. Ein Ergebnis der vorliegenden Arbeit war die Erkenntnis, daß Frauen verhältnismäßig häufig auf Bildern abgebildet werden. Interessant wäre es beispielsweise, danach zu fragen, in welchen Posen Frauen abgebildet werden, ob sie häufig mit Männern zusammen gezeigt werden und welchen Gesichtsausdruck sie dabei haben. Die Frage, die dahinter steht, ist, ob Frauen auf Pressefotos in untergeordneten Posen dargestellt werden. Ein Aufschauen zu Männern wäre ein möglicher Beleg dafür.

All dies sind Fragen, die es sich lohnen würde, zu bearbeiten. Die Frage nach dem Geschlecht und seinem Einfluß auf die Medienberichterstattung birgt nach wie vor große Potentiale in sich. Wenn auch die vorliegende Arbeit kaum Rückschlüsse auf die gesamte Presseberichterstattung in Deutschland zuläßt, so können ihre Ergebnisse doch als deskriptive Ausgangsbasis für weitere Studien genutzt werden. Die Kommunikationswissenschaft hat noch längst nicht alle Bereiche ausgekundschaftet, die die Genderforschung bietet. Somit werden sich mit Sicherheit auch in Zukunft Studierende und Forscher mit bislang unerforschten Teilgebieten im Themenbereich Medien und Geschlecht auseinandersetzen können.

Literaturverzeichnis

Anhang zum Frauenbericht der CDU Deutschlands, vorgelegt dem 14. Parteitag in Dresden. (2001, Dezember). Online eingesehen unter: *http://www.cdu.de/politik-a-z/frauen/frauenbericht2.pdf.*

Archer, D., Iritani, B., Kimes, D. & Barrios, M. (1985). Männer-Köpfe, Frauen-Körper: Studien zur unterschiedlichen Abbildung von Frauen und Männern auf Pressefotos. In C. Schmerl (Hrsg.), *In die Presse geraten: Darstellung von Frauen in der Presse und Frauenarbeit in den Medien* (S. 53-75). Köln, Wien: Böhlau.

Bandura, A., Ross, D. & Ross, S. A. (1963). Imitation of film-mediated aggressive models. *Journal of Abnormal and Social Psychology, 66,* 3-11.

Becker-Schmidt, R. & Axeli-Knapp, G. (1995). *Das Geschlechterverhältnis als Gegenstand der Sozialwissenschaften.* Frankfurt am Main, New York: Campus.

Bilden, H. (1980). Geschlechtsspezifische Sozialisation. In K. Hurrelmann & D. Ulich (Hrsg.), *Handbuch der Sozialisationsforschung* (S. 777-812). Weinheim, Basel: Beltz.

Bonfadelli, H. (1981). *Die Sozialisationsperspektive in der Massenkommunikationsforschung. Neue Ansätze, Methoden und Resultate zur Stellung der Massenmedien im Leben der Kinder und Jugendlichen.* Berlin: Verlag Volker Spiess.

Brosius, H.-B. & Koschel, F. (2001). *Methoden der empirischen Kommunikationsforschung. Eine Einführung.* Wiesbaden: Westdeutscher Verlag.

Bündnis 90/Die Grünen – Mitgliederzahlen. (2001). (unveröffentlichte Zahlen von Bündnis 90/Die Grünen zum Mitgliederstand auf Bundes- und Landesebene, zur Verfügung gestellt von der Parteizentrale der Grünen in Berlin).

Butler, J. (1991). *Das Unbehagen der Geschlechter.* Frankfurt am Main: Suhrkamp.

Cornelißen, W. & Küsters, K. (1992). Frauen und Nachrichten. Zum Frauenbild in Nachrichtensendungen. In R. Fröhlich (Hrsg.), *Der andere Blick.*

106

Aktuelles zur Massenkommunikation aus weiblicher Sicht (S. 123-138). Bochum: Brockmeyer.

Data collection tool on political parties represented in national parliaments of EU member states and EEA countries and their strategies to enhance the gender balance at the different levels of political decision-making. (2000, 30. November). (unveröffentlichtes Papier über die Frauenpolitik, Frauenquote und Frauenanteile der Christlich Sozialen Union in Bayern, erhalten im April 2002 von Carina Stöckl, Referentin für Frauen- und Familienpolitik der CSU-Landesleitung in München).

Deutscher Journalisten Verband (Hrsg.). (1997). Journalist/in werden? Ausbildungsgänge und Berufschancen im Journalismus 1997/98. Bonn: DJV.

Diekmann, A. (1995). Empirische Sozialforschung. Grundlagen, Methoden, Anwendungen. Reinbek bei Hamburg: Rowohlt.

Dietzen, A. (1993). Soziales Geschlecht. Soziale, kulturelle und symbolische Dimensionen des Gender-Konzepts. Opladen: Westdeutscher Verlag.

Frauenbericht der CDU Deutschlands, vorgelegt dem 14. Parteitag in Dresden. (2001, Dezember). Online eingesehen unter: http://www.cdu.de/politik-a-z/frauen/frauenbericht1.pdf.

Fröhlich, R. & Holtz-Bacha, C. (1993). Frauen und Massenkommunikation. Eine Bibliographie. Bochum: Brockmeyer.

Früh, W. (2001). Inhaltsanalyse. Theorie und Praxis (5. überarbeitete Auflage). Konstanz: UVK.

Gleichstellungsbericht. Vorgelegt auf dem SPD-Parteitag Nürnberg vom 19. bis 22. November 2001 von der Berichterstatterin K. Junker. (2001, November). Online eingesehen unter: http://www.spd-parteitag.de/servlet/PB/show/1001928/Gleichstellungsbericht.

Grundgesetz für die Bundesrepublik Deutschland vom 23. Mai 1949. (1993). Bonn: Deutscher Bundestag.

Hagemann-White, C. (1975). *Lebensumstände und Erziehung: Grundfragen der Sozialisationsforschung.* Frankfurt am Main: Verlag Roter Stern.

Hagemann-White, C. (1988). Wir werden nicht zweigeschlechtlich geboren...In C. Hagemann-White & M. S. Rerrich (Hrsg.), *FrauenMännerBilder. Männer und Männlichkeit in der feministischen Diskussion* (S. 224-235). Bielefeld: AJZ-Verlag/FF2.

Hervé, F. (1998a). Brot und Frieden – Kinder, Küche, Kirche: Weimarer Republik 1918/1919 bis 1933. In F. Hervé (Hrsg.), *Geschichte der deutschen Frauenbewegung* (6. verbesserte und aktualisierte Auflage, S. 85-110). Köln: PapyRossa.

Hervé, F. (1998b). ‚Dem Reich der Freiheit werb' ich Bürgerinnen': Von den Anfängen bis 1889. In F. Hervé (Hrsg.), *Geschichte der deutschen Frauenbewegung* (6. verbesserte und aktualisierte Auflage, S. 11-35). Köln: PapyRossa.

Hervé, F. & Nödinger, I. (1998). Aus der Vergangenheit gelernt? 1945 bis 1949. In F. Hervé (Hrsg.), *Geschichte der deutschen Frauenbewegung* (6. verbesserte und aktualisierte Auflage, S. 127-138). Köln: PapyRossa.

Hoecker, B. (1987). *Frauen in der Politik. Eine soziologische Studie.* Opladen: Leske + Budrich.

Hoecker, B. (1998a). *Frauen, Männer und die Politik.* Bonn: Dietz.

Hoecker, B. (1998b). Zwischen Macht und Ohnmacht: Politische Partizipation von Frauen in Deutschland. In B. Hoecker (Hrsg.), *Handbuch Politische Partizipation von Frauen in Europa* (S. 65-90). Opladen: Leske + Budrich.

Holzhauer, J. & Steinbauer, A. (1994). *Frauen an der Macht: Profile prominenter Politikerinnen.* Frankfurt am Main: Eichborn.

Holzkamp, K. (1973). *Sinnliche Erkenntnis.* Frankfurt: Athenäum Fischer.

Hughes, E. C. (1945). Dilemmas and contradictions of status. *American Journal of Sociology, 50*, 353-359.

Huhnke, B. (1996). *Macht, Medien und Geschlecht. Eine Fallstudie zur Berichterstattungspraxis der dpa, der taz sowie der Wochenzeitungen Die Zeit und Der Spiegel von 1980-1995.* Opladen: Westdeutscher Verlag.

Kanter Moss, R. (1977). Some effects of proportions on group life: Skewed sex ratios and responses to token women. *American Journal of Sociology, 82,* 965-990.

Kitch, C. (1997). Changing theoretical perspectives on women's media images: The emergence of patterns in a new area of historical scholarship. *Journalism & Mass Communication Quarterly, 74,* 477-489.

Klaus, E. (2001). Ein Zimmer mit Ausblick? Perspektiven kommunikationswissenschaftlicher Geschlechterforschung. In E. Klaus, J. Röser & U. Wischermann (Hrsg.), *Kommunikationswissenschaft und Gender Studies* (S. 20-40). Wiesbaden: Westdeutscher Verlag.

Klaus, E. & Saure, M. (2001). Bibliographie kommunikationswissenschaftlicher Geschlechterforschung 1968-2000. In E. Klaus, J. Röser & U. Wischermann (Hrsg.), *Kommunikationswissenschaft und Gender Studies* (S. 268-275). Wiesbaden: Westdeutscher Verlag.

Kreisky, E. & Sauer, B. (1995). Die Politik der Männer – die Wissenschaft der Männer? Hoffnung auf ein Ende des Schulterschlusses. In E. Kreisky & B. Sauer (Hrsg.), *Feministische Standpunkte in der Politikwissenschaft. Eine Einführung* (S. 9-24). Frankfurt am Main, New York: Campus.

Küchenhoff, E. (1975). *Die Darstellung der Frau und die Behandlung von Frauenfragen im Fernsehen. Eine empirische Untersuchung einer Forschungsgruppe der Universität Münster unter Leitung von Professor Dr. Erich Küchenhoff.* Stuttgart, Berlin, Köln, Mainz: Verlag W. Kohlhammer.

Kürschners Volkshandbuch Deutscher Bundestag. 14. Wahlperiode (89. Auflage). (2000). Rheinbreitbach: Neue Darmstädter Verlagsanstalt.

Laqueur, T. (1996). *Auf den Leib geschrieben: Die Inszenierung der Geschlechter von der Antike bis Freud* (übersetzt aus dem Englischen von H. J. Bußmann). München: Deutscher Taschenbuchverlag.

LaRoche, W. von. (1988). *Einführung in den praktischen Journalismus. Mit genauer Beschreibung der Ausbildungswege Deutschland, Österreich, Schweiz* (11. neubearbeitete Auflage). München: List.

Lévy, R. (1977). *Der Lebenslauf als Statusbiographie. Die weibliche Normalbiographie in makrosoziologischer Perspektive.* Stuttgart: Enke.

Lorber, J. (1999). *Gender-Paradoxien* (aus dem Englischen übersetzt von H. Beister, Redaktion und Einleitung zur deutschen Ausgabe: U. Teubner und A. Wetterer). Opladen: Leske+Budrich.

Lünenborg, M. (1997). *Journalistinnen in Europa. Eine international vergleichende Analyse zum Gendering im sozialen System Journalismus.* Opladen: Westdeutscher Verlag.

Maihofer, A. (1994). Geschlecht als Existenzweise. In Institut für Sozialforschung Frankfurt (Hrsg.), *Geschlechterverhältnisse und Politik* (S. 168-189). Frankfurt am Main: Suhrkamp.

Merten, K. (1995). *Inhaltsanalyse. Einführung in Theorie, Methode und Praxis* (2. verbesserte Auflage). Opladen: Westdeutscher Verlag.

Meyer, B. (1997). *Frauen im Männerbund. Politikerinnen in Führungspositionen von der Nachkriegszeit bis heute.* Frankfurt am Main, New York: Campus.

Meyn, H. (2001). *Massenmedien in Deutschland* (Neuauflage 2001). Konstanz: UVK Medien.

Moss, H. A. (1967). Sex, age and state as determination of mother-infant interaction. *Merrill-Palmer Quarterly, 13,* 19-36.

Mühlen Achs, G. (1993). *Wie Katz und Hund. Die Körpersprache der Geschlechter.* München: Verlag Frauenoffensive.

Mühlen Achs, G. (1995). Frauenbilder: Konstruktionen des *anderen* Geschlechts. In G. Mühlen Achs & B. Schorb (Hrsg.), *Geschlecht und Medien* (S. 13-37). München: KoPäd.

Neuendorff-Bub, B. (1979). Stereotype und gechlechtstypisches Verhalten. In R. Eckert (Hrsg.), *Geschlechtsrollen und Arbeitsteilung: Mann und Frau in soziologischer Sicht* (S. 78-96). München: Beck.

Nicholson, L. (1994). Was heißt „gender"? In Institut für Sozialforschung Frankfurt (Hrsg.), *Geschlechterverhältnisse und Politik* (S. 188-220). Frankfurt am Main: Suhrkamp.

PDS Online Partei Anteil Frauen in Mitgliedschaft und Umfeld der PDS. (2002, Januar). Online eingesehen unter: *http://www.pds-online.de/partei/daten/frauenanteil.htm.*

Prenner, A. (1995). *Die Konstruktion von Männerrealität in den Nachrichtenmedien. Eine theoretisch-empirische Untersuchung anhand eines Beispiels.* Bochum: Brockmeyer.

Pürer, H. & Raabe, J. (1996). *Medien in Deutschland. Band 1. Presse* (2. korrigierte Auflage). Konstanz: UVK.

Rakow, L. (1986). Rethinking gender research in communication. *Journal of Communication, 36*(4), 11-26.

Ridder, C.-M. & Engel, B. (2001). Massenkommunikation 2000: Images und Funktionen der Massenmedien im Vergleich. Ergebnisse der 8. Welle der ARD/ZDF-Langzeitstudie zur Mediennutzung und -bewertung. *Media Perspektiven, o.Jg.,* 102-125.

Schmerl, C. (1985). Die öffentliche Inszenierung der Geschlechtscharakte-re – Berichterstattung über Frauen und Männer in der deutschen Presse. In C. Schmerl (Hrsg.), *In die Presse geraten. Die Darstellung von Frauen in der Presse und Frauenarbeit in den Medien* (S. 7-52). Köln, Wien: Böhlau.

Schmiese, W. (1998, 31. Dezember). Frauen 98. Noch nie schafften so viele Politikerinnen den Sprung an die Spitze. Durchbruch im neuen Bundeskabinett – Aber die wichtigsten Staatsämter bleiben in Männerhand. *Die Welt,* S. 6.

Schneider, B., Schönbach, K., & Stürzebecher, D. (1993a). Westdeutsche Journalisten im Vergleich: jung, professionell und mit Spaß an der Arbeit. *Publizistik, 38,* 5-30.

Schneider, B., Schönbach, K., & Stürzebecher, D. (1993b). Journalisten im vereinigten Deutschland: Strukturen, Arbeitsweisen und Einstellungen im Ost-West-Vergleich. *Publizistik, 38,* 353-382.

Schorb, B., Mohn, E. & Theunert, H. (1980). Sozialisation durch Massenmedien. In K. Hurrelmann & D. Ulich (Hrsg.), *Handbuch der Sozialisationsforschung* (S. 603-627). Weinheim, Basel: Beltz.

Simmel, G. (1983, 1986). *Philosophische Kultur. Über das Abenteuer, die Geschlechter und die Krise der Moderne* (Gesammelte Essais mit einem Vorwort von J. Habermas). Berlin: Wagenbach. (Original erschien 1923 im Gustav Kiepenheuer Verlag, Potsdam)

Sterr, L. (1997). *Frauen und Männer auf der Titelseite. Strukturen und Muster der Berichterstattung am Beispiel einer Tageszeitung.* Pfaffenweiler: Centaurus.

Strecker, G. & Lenz, M. (1988). *Der Weg der Frau in die Politik* (6. erweiterte Auflage). Melle: Knoth.

Tuchman, G. (1980). Die Verbannung von Frauen in die symbolische Nichtexistenz durch die Massenmedien (Nachdruck aus: Tuchman, G., Daniels Kaplan, A. & Benét, J. (Hrsg.). (1978). Hearth & home: Images of women in the mass media. Oxford: University Press.). *Fernsehen und Bildung, 14,* 10-43.

Volk, I. (Hrsg.). (1992). *Gibt es eine weibliche Politik? Gespräche mit Politikerinnen.* Weinheim, Berlin: Quadriga.

Watzka, K. & Eichhorn, W. (1993). Erhebungsverfahren. In T. Knieper (Hrsg.), *Statistik. Eine Einführung für Kommunikationsberufe* (S. 103-162). München: Ölschläger.

Weiderer, M. (1993). *Das Frauen- und Männerbild im Deutschen Fernsehen. Eine inhaltsanalytische Untersuchung der Programme von ARD, ZDF und RTL plus.* Regensburg: S. Roderer Verlag.

Weischenberg, S., Keuneke, S., Löffelholz, M. & Scholl, A. (1994). *Frauen im Journalismus. Gutachten über die Geschlechterverhältnisse in den*

112

Medien in Deutschland im Auftrag der Industriegewerkschaft Medien. Forschungsgruppe Journalistik an der Uni Münster.

Weischenberg, S., Löffelholz, M. & Scholl, A. (1993). Journalismus in Deutschland. *Media Perspektiven, o. Jg.,* 21-33.

Wilke, J. (1998). Politikvermittlung durch Printmedien. In U. Sarcinelli (Hrsg.), *Politikvermittlung und Demokratie in der Mediengesellschaft. Beiträge zur politischen Kommunikationskultur* (S. 146-164). Bonn: Bundeszentrale für politische Bildung.

Wurms, R. (1998). Kein einig' Volk von Schwestern: Von 1890 bis 1918. In F. Hervé (Hrsg.), *Geschichte der deutschen Frauenbewegung* (6. verbesserte und aktualisierte Auflage, S. 36-84). Köln: PapyRossa.

Zahlmann-Willenbacher, B. (1979). Kritik des funktionalistischen Konzepts geschlechtstypischer Arbeitsteilung. In R. Eckert (Hrsg.), *Geschlechtsrollen und Arbeitsteilung: Mann und Frau in soziologischer Sicht* (S. 60-77). München: Beck.

Zentrum für Kulturforschung (Hrsg.). (2001). *Frauen im Kultur- und Medienbetrieb III. Fakten zu Berufssituation und Qualifizierung* (3. Report für das Bundesministerium für Familie, Senioren, Frauen und Jugend). Bonn: ARCult-Media.

www.ingramcontent.com/pod-product-compliance
Lightning Source LLC
Chambersburg PA
CBHW022327280326
41932CB00010B/1254